【第2版】

図解でわかる

戸籍の

見方・読み方

上原 敬 著

経済法令研究会

改訂にあたって

　本書は平成26年（2014年）の初版発行以来、多くの方にご参照いただきました。

　発刊当初、金融機関職員の方々のお役に立ちたいという思いがありましたが、行政書士等の専門職の方々にもご参照いただいているという話を聞き、たいへんうれしく思いました。行政手続では戸籍の役割は低下しているともいわれていますが、不動産・金融資産の相続手続においてはきわめて重要な資料です。戸籍は相続人を特定するための唯一の資料であるからです。

　発刊から5年以上経過しましたが、この間に戸籍に関係する2つの大きな変化がありました。

　平成29年（2017年）には法定相続情報証明制度がスタートしました。法務局（登記所）が行う戸籍調査に基づく証明書（認証文付き法定相続情報一覧図の写し）を金融機関が流用することにより、戸籍調査をしなくても相続手続を進められるようになりました。

　令和元年（2019年）5月には改正戸籍法が成立し、令和6年（2024年）を目途に、大幅な戸籍事務合理化が進みます。

　本「第2版」では、最新の動向を踏まえてこれら改正事項について解説を追記しました。

　金融機関実務としては法定相続情報証明制度が重要です。最近の相続預貯金手続は一覧図の写しによることも多く、事務簡素化に大いに役立っています。ただし、お客様に戸籍をご持参いただくケースも依然として多く、窓口の金融機関職員にとっては戸籍の勉強を避けて通ることはできません。そういった金融機関職員や専門職の方々の入門書として、今後も本書がお役に立てれば幸いです。

　日本のように家族単位（血縁・婚姻関係単位）で国に記録が残される戸籍制度を持つ国はまれです。ご先祖さまの記録も戸籍（除籍）に残っています。ご先祖さまを大切にする日本ならではのことではないでしょうか。世界に誇れる戸籍制度を大切にしたいと思います。

　編集・調査等で経済法令研究会の西牟田隼人さんにお世話になりました。感謝いたします。

令和2年2月20日

上原　　敬

※本書は2024年3月発行の第5刷版より戸籍の広域交付および氏名の振り仮名の法制化にかかる付記を行っています。

はしがき

　日本人の個人資産の合計は約2,600兆円。そのうち金融資産は約1,600兆円、その約半分は65歳以上の高齢者が保有しています。これからの20年で1,000兆円以上の資産が相続されると想定されています。大相続時代到来といわれるゆえんです。顧客の相続はますます増えること必定です。

　私は、約3年前に『営業店の相続実務Q＆A』（経済法令研究会）を執筆した関係もあり、全国各地の金融機関で相続に関する研修会の講師を何度も担当させていただきました。様々な質問をお受けするなかで、戸籍の見方について悩まれている方が多くいらっしゃることがわかりました。「戸籍は難しい」「どのように指導したらいいだろうか」等々の声です。前記著書の中でも戸籍の章を設けて記述しましたが、さらに詳しく、わかりやすくというご要請で本書の発刊に至りました。

　窓口の相続業務において、最も重要でかつ難しいのが戸籍調査です。お客さま（ご遺族）に戸籍の提出をお願いするときは「生まれた時の戸籍から現在の戸籍（死亡の記録がある戸籍）まですべてご準備ください」と言えば済んでしまいますが、それでは少し不親切です。ほとんどのお客さまは、どのように戸籍をとればよいのかさえわからないからです。このようなときに戸籍の仕組み・事務（戸籍法）を丁寧に説明できればご遺族は安心し、金融機関はご遺族からも信頼を得ることができます。一方、内部事務でも、戸籍提出を受けた後の法定相続人調査においては、民法の知識に加えて戸籍の知識が不可欠です。

　本書は、①営業店・本部等で戸籍調査を行うための手引きとしての利用、②お客さまに戸籍を説明するための資料としての利用、③新人や部下に戸籍を指導するための資料（勉強会資料・内部規定資料）としての利用、④銀行業務検定協会主催の検定試験（相続アドバイザー3級）の参考資料としての利用、を想定して、図表（戸籍例等）を60以上作成したうえで、見やすくわかりやすい参考書となるように工夫を重ねました。

　読者の皆さまのお役に立てれば、これに勝る喜びはありません。

　本書は、経済法令研究会本社営業部の北出武史さん、同出版事業部の菊池一男さん、中原秀紀さんの多大なご協力により完成しました。また図表の作成では、同じく出版事業部の手塚文子さん、櫻井寿子さんにご尽力いただきました。心より感謝申し上げます。

平成26年1月18日

上原　敬

CONTENTS

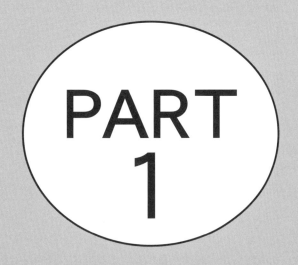

戸籍の基本と事務

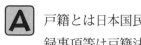

1 ｜ 戸籍とは

Q 戸籍とは何ですか？

A 戸籍とは日本国民1人ひとりの身分関係を登録し、かつそれを証明するものです。登録事項等は戸籍法に規定されています。たとえば、出生の年月日は戸籍の記載事項であり（戸籍法13条）、出生の届出は14日以内にしなければならないとされています（戸籍法49条）。

■ 戸籍とは何か

　戸籍とは日本国民の身分を公に証明するもので、国民それぞれの身分関係を証明するものです。証明される（登録される）身分関係には、出生・親子関係・養子関係・婚姻・離婚・死亡などがあります。現在の戸籍制度は明治の文明開化の頃に全国統一様式の戸籍（明治5年式）が作られたところからスタートしています。このため、役所に除籍簿等が残っていれば明治時代までさかのぼることができます（明治5年式は閲覧できません）。

　日本国民についての身分証明書であることから、戸籍があるということは、日本国民であるということの証明にもなります。日本に居住していても、日本国籍のない人には戸籍はありません。外国人は日本に帰化（帰化申請に対し法務大臣の許可により日本国籍を与える制度）することにより戸籍に登録されます。戸籍（謄本）は以下のようなケースで必要になります。

　①金融機関における相続手続（相続預金等の払戻し等）

　②パスポート発給申請手続（新規発給・切換え発給・氏名訂正）

　③年金受給時（受給者が死亡した場合に遺族が受け取る場合も必要）

　④生命保険金請求時（死亡した人と受取人の分）

　⑤遺言書作成（公正証書遺言の場合）

　⑥本籍地以外の場所で婚姻届を提出する場合

　特に、①金融機関における相続手続（相続預金等の払戻し等）は、法定相続人全員の合意が原則となっています。そのため、金融機関は法定相続人が誰なのかを確認するために、被相続人の出生から死亡までのすべての戸籍を確認しなければなりません。

　戸籍は日本国民にとってきわめて重要な記録であるため、その記録や記録内容の変更・抹消の方法については**戸籍法**により厳格に規定されています。

　戸籍は戸籍簿として各市区町村の戸籍課に登録・保管されており、戸籍がある場所を本籍

または本籍地といいます。戸籍があれば、その証明書（戸籍謄本または抄本）を取得することができます。戸籍は戸籍に記載された者全員が死亡等により戸籍からいなくなったときは、「除籍」となり、それまでの「戸籍簿」から「除籍簿」に移されます。除籍についても除籍謄本を請求して取得することができます。

■ 戸籍が取得できない場合

　明治時代に日本の戸籍制度がスタートして以来、大きな災害や戦争など数々の困難な出来事があり、そうした中で失われてしまった戸籍簿も多くあります。

　たとえば東京では、関東大震災や昭和20年の大空襲により戸籍簿が焼失してしまった地域があります。ほかにも、太平洋戦争時は東京に限らず空襲を受けた地域がいくつもあり、同様に戸籍が焼失してしまった地域もあります。しかし、こうした事態に備え、戸籍制度には、戸籍の写し・資料等を別の場所にも保管しておく制度（バックアップ制度）があるため、焼失してしまった地域でもバックアップデータをもとに戸籍を作り直した地域もあります。しかし、保管場所も焼失してしまった場合は復元が不可能となってしまいます。

　現在では、新たに戸籍を編製した場合等、1ヵ月ごとに戸籍（または除籍）を管轄法務局等に送付しなければならない決まりとなっていますので（戸籍法施行規則15条）、たとえば平成23年の東日本大震災で津波によって戸籍が流されてしまった地域でも、この法務局の戸籍（副本）をもとに復元作業を行った結果、ほとんどのデータが再製されています。

　戦前、日本の領土であった樺太・北方領土地域の戸籍謄本は外務省が保管していますが、これらの地域の戸籍はそのほとんどを持ち帰ることができなかったため、外務省に残っているのは一部にすぎません。また、沖縄県の戸籍は、戦争により大部分が焼失してしまいました。沖縄は戦後、アメリカの統治下に置かれましたので、戸籍事務も琉球政府法務局（沖縄在住の琉球住民）と本土の福岡法務局支局・沖縄関係戸籍事務所（本土に在住する沖縄県出身者の戸籍）の2ヵ所で別々に行われていました。こうした経緯を経て、沖縄県の戸籍は、本土復帰後にこれらの戸籍および関係者の聞き取り調査等をもとに、約9年をかけて統合・再製されて今に至っています。

　このように、どうしても一定期間の戸籍をとることができない方がいらっしゃることもありえます。こうした場合はご遺族のヒアリングを中心に相続人を確定させるほかありません。戸籍を取得できないときは、「消滅してなくなった」という証明書を役所で出してくれますので、事務手続の際に提出してもらうようにしましょう。

2 ┃ 戸籍に書かれていること

Q 戸籍には何が書かれていますか？

A 人の出生から死亡までの身分関係の履歴のうち、主に親族的な身分の変動（婚姻等）が記載されます。記載される事項は法律で決まっています。

■ 戸籍には何が書かれているか

戸籍のルール・管轄等は戸籍法により規定されています。戸籍には、われわれ国民 1 人ひとりの出生から死亡までの履歴が書かれており、法定の記載事項は以下のとおりです（戸籍法13条）。なお、実際の記載例（電子化後の横書のもの）は次頁の全部事項証明書（【図表 1 - 1】）を参照してください。

①氏名

②出生の年月日

③戸籍に入った原因および年月日

④実父母の氏名および実父母との続柄

⑤養子であるときは、養親の氏名および養親との続柄

⑥夫婦については、夫または妻である旨

⑦他の戸籍から入った者については、その戸籍の表示

⑧その他法務省令で定める事項（①〜⑦以外の身分に関する事項等は本書 6 頁「NOTE」参照）

■ 1 組の夫婦がベースとなる

戸籍法 6 条には次のように記載されています（「編製」とは編集して作製（成）するという意味ですが、戸籍内に記載された「編製」については本書63頁を参照してください）。

「戸籍は、市町村の区域内に本籍を定める一の夫婦及びこれと氏を同じくする子ごとに、これを編製する」

戸籍は原則として、 1 組の夫婦とその夫婦の子ごとに作られ、本籍地の市区町村で管理されます。相続関係の調査では現在の戸籍だけでなく、昔の戸籍を調べなくてはならない場合が多くありますが、その際、昔の戸籍（たとえば昭和30年代まで使用されていた大正 4 年式）では 1 つの戸籍に複数の夫婦が入ることができたため、現在の戸籍より広い範囲の親族が記載されていることに注意しなければなりません。

民法は法律婚主義を採用しています。法律婚主義とは、婚姻の成立には、①男女当事者の

【図表1-1】実際の戸籍例（電子化後）

①氏名

全部事項証明

| 本　籍 | 千葉県印西市○○○一丁目6番地 |
| 氏　名 | 山田太郎 |

③戸籍に入った原因および年月日

戸籍事項
　戸籍改製 →【改製日】平成16年1月18日
　　　　　 →【改製事由】平成6年法務省令第51号附則第2条第1項による改製

戸籍に記録されている者　【名】太郎

②出生の年月日

→【生年月日】大正12年7月6日　【配偶者区分】夫 ←
　【父】山田一郎
[除籍]　【母】山田幸子
　→【続柄】長男

⑥夫また妻である旨

身分事項
　出　生 →【出生日】大正12年7月6日
　　　　　【出生地】長野県茅野市
　　　　　【届出日】大正12年7月12日
　　　　　【届出人】父

④実父母の氏名および実父母との続柄

　婚　姻　【婚姻日】昭和29年12月5日
　　　　　【配偶者氏名】鈴木花子
　　　　→【従前戸籍】長野県茅野市○○町10番地　山田一郎
　養子縁組【縁組日】昭和39年10月10日
　　　　　【共同縁組者】妻
　　　　　【養子氏名】佐藤ルリ子
　死　亡　【死亡日】平成22年7月5日
　　　　　【死亡時分】午後6時40分
　　　　　【死亡地】東京都世田谷区
　　　　　【届出日】平成22年7月7日
　　　　　【届出人】親族　山田桜

戸籍に記録されている者　【名】花子
　　　【生年月日】昭和7年9月17日　【配偶者区分】妻 ←
　　　【父】鈴木六助
　　　【母】鈴木小雪
　　　【続柄】長女

（本例では山田太郎が死亡しているため、配偶者区分は実際上は表記されません）

身分事項
　出　生　【出生日】昭和7年9月17日
　　　　　【出生地】新潟県柏崎市
　　　　　【届出日】昭和7年9月18日
　　　　　【届出人】父
　婚　姻　【婚姻日】昭和29年12月5日
　　　　　【配偶者氏名】山田太郎
　　　　→【従前戸籍】東京都町田市○○一丁目8番地　鈴木六助
　養子縁組【縁組日】昭和39年10月10日
　　　　　【共同縁組者】夫
　　　　　【養子氏名】佐藤ルリ子
　配偶者の死亡【配偶者の死亡日】平成22年7月5日

戸籍に記録されている者　【名】ルリ子
　　　【生年月日】昭和36年11月12日
　　　【父】佐藤冬男
　　　【母】佐藤美夏
　　　【続柄】二女

⑤養親の氏名および養親との続柄

　　→【養父】山田太郎
　　→【養母】山田花子
　　→【続柄】養女

身分事項
　出　生　【出生日】昭和36年11月12日
　　　　　【出生地】愛知県名古屋市中川区
　　　　　【届出日】昭和36年11月18日
　　　　　【届出人】父
　養子縁組【縁組日】昭和39年10月10日
　　　　　【養父氏名】山田太郎
　　　　　【養母氏名】山田花子
　　　　　【代諾者】親権者父母

⑦他の戸籍から入った者については、その戸籍の表示

　　　　→【従前戸籍】愛知県名古屋市中川区　佐藤冬男

5

自由意思による合意、および②戸籍法上の届出の２つの要件が必要であるという考え方です。婚姻の際に、夫婦はどちらか一方の姓（氏）を名乗ることになっており（民法750条）、結婚後に姓を名乗る側の者が戸籍筆頭者になります。日本は夫の姓を名乗る夫婦が多いため、筆頭者は夫（男）の例が多いですが、妻の姓を名乗る夫婦もあり、その場合は妻（女）が筆頭者となります。

　このように戸籍は１組の夫婦がベースとなりますが、婚姻していない女性が子どもを生んだような場合等、単独で編製することもあります。戸籍法は三代戸籍を禁止しているため（戸籍法17条）、婚姻していない女性が子どもを産んだ場合は必ず母子の新戸籍を編製しなくてはなりません。なお、子どもを産まなくても自らの意思で親の戸籍を抜けて自分の新戸籍を編製することも自由にできます。このように新戸籍を編製することを分籍といいます。

■ 氏名の振り仮名の法制化

　戸籍上の氏名について、従来は振り仮名をつけることはありませんでしたが、令和５年６月、戸籍法等の改正が行われ、氏名の振り仮名の戸籍への記載やその変更等の手続が定められました。施行期日は交付後２年を超えない範囲で政令により定められます。

　氏名と振り仮名を一意（一体的）にとらえ、デジタル社会のインフラとして活用することが期待されています。

　戸籍の記載事項は戸籍法13条各号に規定されていますが（４頁参照）、同条１号に規定されている「氏名」について、その読み方を示す文字が、振り仮名として戸籍の記載事項に追加されました（新戸籍法13条１項２号）。氏名の振り仮名の読み方は、氏名として用いられる文字の読み方として一般に認められるものでなければなりません。

　これらの改正にあわせて、既に戸籍に記載されている者にかかる氏名の振り仮名の収集の枠組みも定められています。たとえば改正法施行の際に「戸籍の筆頭者」は「氏」の振り仮名の届出を、「既に戸籍に記載されている者」は「名」の振り仮名の届出を、それぞれ施行日から１年以内にすることができるとされています[※]。

　（※）氏名の振り仮名等の届出については、従来の出頭や郵送によるもののほか、マイナポータルを利用してすることも想定されています。

NOTE

戸籍の記載事項としては、その他法務省令で定める事項（身分に関する事項）として、以下のとおり定められています（戸籍法施行規則30条・35条）。

1　出生に関する事項については、子

2　認知に関する事項については、父および子

3　養子縁組（特別養子縁組を除く）またはその離縁に関する事項については、養親および養子

3の2　特別養子縁組またはその離縁に関する事項については、養子、養子が日本人でない者であるときは、養親

3の3　戸籍法73条の2に規定する離縁の際に称していた氏を称することに関する事項については、その氏を称した者

4　婚姻または離婚に関する事項については、夫および妻

4の2　戸籍法77条の2に規定する離婚の際に称していた氏を称することに関する事項については、その氏を称した者

5　親権または未成年者の後見に関する事項については、未成年者

6　死亡または失踪に関する事項については、死亡者または失踪者

7　生存配偶者の復氏または姻族関係の終了に関する事項については、生存配偶者

8　推定相続人の廃除に関する事項については、廃除された者

9　入籍に関する事項については、入籍者

10　分籍に関する事項については、分籍者

11　国籍の得喪に関する事項については、国籍を取得し、または喪失した者

12　日本の国籍の選択の宣言または外国の国籍の喪失に関する事項については、宣言をした者または喪失した者

13　戸籍法107条2項から4項までに規定する氏の変更に関する事項については、氏を変更した者

14　名の変更に関する事項については、名を変更した者

15　就籍に関する事項については、就籍者

16　性別の取扱いの変更に関する事項については、その変更の裁判を受けた者

3 │ 戸籍の種類

Q 戸籍にはどのような種類がありますか？

A 分類方法にもよりますが、戸籍自体の形態別に分類した際の現在戸籍・除籍・改製原戸籍の3種類の区別は必ず理解しておきましょう。この他にも、戸籍の写しの形態別に分類した際の謄本と抄本の違いや法令別（歴史的）分類も理解しておく必要があります。

■ 現在戸籍・除籍・改製原戸籍

戸籍にはいくつか分類方法がありますが、まず戸籍自体の形態別に分けると、現在戸籍・除籍・改製原戸籍の3種類に分けられます。

(1) 現在戸籍

現在使用されており、在籍している者が存在する戸籍のことです。筆頭者の本籍地にあたる市町村（東京23区と政令指定都市は区）の戸籍簿に綴られて保管されています。戸籍簿は地番もしくは街区符号の番号順に綴られています。

(2) 除籍

1つの戸籍に在籍した者が、婚姻、養子縁組、死亡などにより全員いなくなった戸籍のことを除籍といいます。全員が除籍されるとその戸籍は戸籍簿から除かれて（消除といいます）、除籍簿に移されます（戸籍法12条）。除籍簿も戸籍簿と同様に本籍地の市区町村が年ごとにまとめて保存しています。

(3) 改製原戸籍

戸籍の様式が法律または命令によって改められた場合、従前の様式で編製された戸籍を新しい様式の戸籍に改めるための編製替えが行われます。この編製替えのことを改製といい、編製替えの前の（改製前の）戸籍のことを改製原戸籍といいます。

■ 謄本・抄本

戸籍の写しを形態別に分けると、謄本、抄本の2種類に分けることができます。なお、電子化後（平成6年式）は、この呼び名が変わっていることに注意が必要です。

(1) 戸籍謄本

戸籍謄本とは、役所に保管されている戸籍の原本全部（全員の記載事項）を写した書面のことをいいます。金融機関の相続手続では原則として謄本を提出していただきます。電子化

後は戸籍の「**全部事項証明書**」といいます。

⑵　戸籍抄本

　戸籍の原本の一部（請求された特定の個人の記載事項）を抜粋して写した書面のことをいいます。本人確認のためだけであれば、抄本で確認することができますが、金融機関は他に法定相続人がいないことを確認しなくてはならないため、謄本を提出していただきます。電子化後は戸籍の「**個人事項証明書**」といいます。

■ 明治式・大正式・昭和式・平成式

　最後に、戸籍の法令別（歴史的）に分けると、法改正が行われた年または施行・改正実施が行われた年別に分類されます。現在、取得できる戸籍は、明治19年式、明治31年式、大正4年式、昭和23年式、平成6年式（昭和23年式が電子化されたもの）の5種類です。

⑴　明治19年式

　明治19年（1886年）10月16日から明治31年（1898年）7月15日まで作られた戸籍です。家単位に戸主を中心としてその直系・傍系の親族が、1つの戸籍に記載されています。

⑵　明治31年式

　明治31年7月16日から大正3年（1914年）12月31日まで作られた戸籍です。戸籍1枚目の表面に「戸主ト為リタル原因及ヒ年月日」の欄が設けられました。

⑶　大正4年式

　大正4年（1915年）1月1日から昭和22年（1947年）12月31日まで作られた戸籍です。経過措置でその後10年以上にわたり現行戸籍として使用されたものも多くあります。「戸主ト為リタル原因及ヒ年月日」の欄が廃止され、その事項は戸主の事項欄に記載されるようになりました。

⑷　昭和23年式

　昭和23年（1948年）1月1日から現在まで作られています。平成10年代以降は電子化が進み横書になりました。これまでの戸籍とは大きく異なり、戸籍の記載事項が家の単位から夫婦親子の単位に変更されました。

⑸　平成6年式

　昭和23年式が電子化（磁気ディスク化）されて横書となったものです。根本的な法改正は行われていないので昭和23年式を現在戸籍と呼んでいる例もあります（昭和23年式と平成6年式は同じ戸籍で単に電子化されて様式が異なったにすぎないため）。

　平成6年（1994年）の戸籍法の改正により戸籍の電子化が開始されました。その実施時期は各市区町村の任意で、時期にばらつきがありますが、令和2年（2020年）9月に、国内すべての自治体で戸籍の電子化が完了しています。

4 ｜ 現在戸籍・改製原戸籍・除籍の違い

Q 現在戸籍・改製原戸籍・除籍の違いは何ですか？

A 現在戸籍は現に在籍している者がいて、現在使用されている戸籍です。改製原戸籍は、法改正により編製替えされた場合における編製される前の従前の戸籍です。除籍は全員が婚姻・死亡等により抜けてしまって誰も在籍していない、いわば抜け殻の戸籍のことです。

■ 戸籍の分類の仕方・戸籍の読み方

　戸籍にはさまざまな種類があります（本書8頁参照）。分類の仕方にもよりますが、戸籍法に則り、形態別に分けると、戸籍・改製原戸籍・除籍の3種類に分類できます。相続手続上は戸籍だけでなく、改製原戸籍や除籍のそれぞれ謄本が必要になることも多いので、これらの意味を理解しておかなければなりません（【図表1-2】参照）。

　単に戸籍という場合は、現在の戸籍のことを指し、これを現在戸籍または現戸籍（げんこ

【図表1-2】 3種類の戸籍

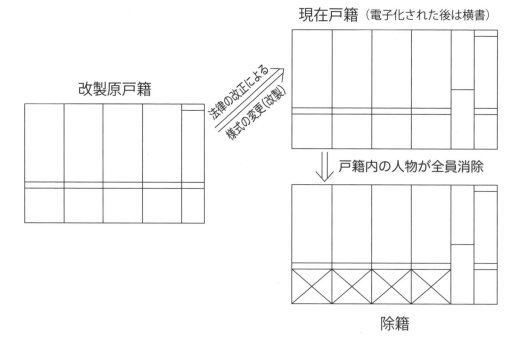

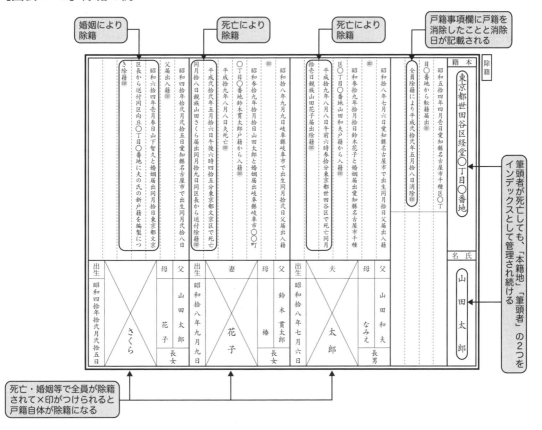

せき）と呼びます。改製原戸籍（かいせいげんこせき）は「げんこせき」の部分が「現戸籍」なのか「原戸籍」なのか紛らわしいため、役所・金融機関では現戸籍を「げんこせき」と呼び、原戸籍を「はらこせき」と呼んで区別しているところが多いようです。

■ 現在戸籍

　現在、日本人として生存している人は必ず戸籍に記載されており、在籍している者の最新情報が記載されている現在の戸籍が現在戸籍です。現在戸籍は記載されている人が生きていることの証明や本人確認にも使用されます。ちなみに、金融機関の相続実務において、本人確認のために戸籍謄本または抄本を使用する場合には本人の住所等に書留郵便等を送付する必要があります（犯罪収益移転防止法施行規則6条1項1号ロ・7条1号ニ）。

　相続手続では、法定相続人の確認だけではなく、預金者等が亡くなったことの証明としても現在戸籍は重要です。亡くなった方は現在戸籍から除籍されますので、死亡に基づく除籍の記載があることを確認します。なお、預金者等死亡により、本人が除籍されることで戸籍から誰もいなくなった場合は、その戸籍は除籍簿に移されて除籍となります。

【図表1-3】除籍の例

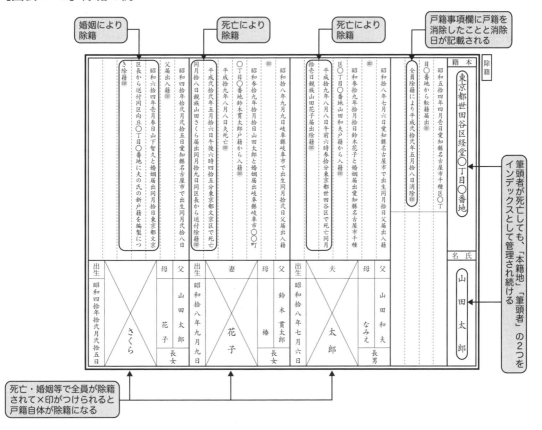

■ 改製原戸籍

　戸籍の様式は法令の改正等により変更されることがあり、根本的に様式が変わる場合は全国民の戸籍を新しい戸籍に書き写すことになります。これを戸籍の改製といいます。その際に元の戸籍は保存されることになっており、その保存されている改製前の戸籍のことを「改製原戸籍」と呼びます。

　改製の際、新しい戸籍にはすべての事項が移記されるわけではありません。たとえば、除籍された子（婚姻等）は移記されません。したがって、亡くなった方の過去（特に子どもの有無）を調べるためには改製原戸籍が必要になります。平成6年式（電子化戸籍）の改製原戸籍は昭和23年式（縦書戸籍）ですが、昭和23年式（新民法戸籍）の改製原戸籍は大正4年式（旧民法戸籍）であることにも留意してください。

■ 除籍

　除籍には次の2つの意味があります。
　①婚姻・死亡などにより戸籍から除かれること
　②婚姻・死亡などにより在籍者が誰もいなくなった戸籍

　一家の戸籍はやがて婚姻や死亡により1人ひとり抜けていきます。最後には戸籍内のすべての人がいなくなり抜け殻状態となります。この抜け殻状態となった戸籍は除籍簿に綴られ、そこに綴られた戸籍のことを除籍（【図表1-3】参照）と呼びます。

　電子化される前の昭和23年式は、婚姻・死亡等で除籍された人のところには朱抹（×印）が付けられていましたが、電子化された後の平成6年式では名前の前に 除籍 と記載されています。戸籍に記載されている全員が朱抹（×印）または 除籍 になると、戸籍簿から外され除籍となり、除籍簿に綴られることになります。

　前記のとおり、婚姻・死亡等により戸籍から除かれること自体も「除籍」というため、抜け殻戸籍である「除籍」と、単に除かれたという意味の「除籍」と混同しないように注意しましょう。また、除籍の写しを「除籍謄本」といいますが、亡くなった方の除籍の記載がある現在戸籍（たとえば配偶者がまだご存命のケース）のことを「除籍謄本」と呼んでいる金融機関もありますので、ここも混同しないように注意が必要です。

　除籍の保存期間は除籍簿に綴られたときから150年間ですが、平成22年までは80年間、昭和36年までは50年間でした。そのため、明治式などは役所によっては廃棄処分したところもありますが、大正4年式は戦災や震災で滅失等していない限り残っていますので、相続手続上問題はありません。

5 ｜ 謄本と抄本

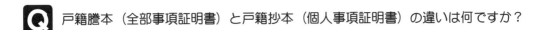 戸籍謄本（全部事項証明書）と戸籍抄本（個人事項証明書）の違いは何ですか？

A 戸籍謄本（全部事項証明書）とは戸籍の原本全部（全員）の「写し」であり、抄本（個人事項証明書）は戸籍の原本の一部（請求された特定の個人）の「写し」です。

■ 謄本（全部事項証明書）と抄本（個人事項証明書）

戸籍は、市町村の区域内に本籍を定める一の夫婦およびこれと氏を同じくする子ごとに編製するものとされています（戸籍法6条）。戸籍は綴られて帳簿となりますが（戸籍法7条）、綴られた戸籍には正本と副本があります。正本は市役所（区役所）または町村役場に備えられ、副本は管轄法務局もしくは地方法務局またはその支局がその保管をすることとされています（戸籍法8条）。

謄本（全部事項証明書）とは、市役所等に綴られた1つの戸籍（正本）の全員の事項の「写し」のことです（【図表1-4】参照）。戸籍の原本（正本）を発行してもらうことはできず、取得できるのはあくまでも謄本です。ただし謄本といっても、市区町村長の印が押されるため公文書であり、正式な証明書となります。相続実務上はこの謄本の提出を受けます。

抄本（個人事項証明書）とは、戸籍の中の一部の人の事項だけを写したものです（【図表1-5】参照）。謄本があれば抄本は必要ありませんが、戸籍にはセンシティブな情報（離婚・認知等）も記載されているため、たとえば筆頭者（父親）の身分事項を知られたくないような場合に、手続によっては、配偶者（母親）あるいは子だけの抄本にとどめることもあります。亡くなった方の法定相続人を調べるためには謄本が必要ですが、法定相続人各自の本人確認（生存の確認）のためには抄本でも問題ありません。

最新の電子化された戸籍（平成6年式）では、謄本は「全部事項証明書」、抄本は「個人事項証明書」という呼び名に変わっています（戸籍法120条、戸籍法施行規則73条）。

■ 謄本末尾の認証文・認証印

謄本や抄本の末尾には市区町村長による認証文と認証印が付されていますので、それを確認するくせをつけましょう。認証文と認証印は【図表1-6】のように記載されています。

【図表1-4】戸籍謄本（全部事項証明書）

全部事項証明 ←──────

全部事項証明とは謄本のこと

謄本（全部事項証明）には夫や妻などの家族全員の事項が記載されている →

本　籍	千葉県印西市○○○一丁目6番地
氏　名	山田太郎
戸籍事項 戸籍改製	【改製日】平成16年1月18日
	【改製事由】平成6年法務省令第51号附則第2条第1項による改製
戸籍に記録されている者 除　籍	【名】太郎 【生年月日】大正12年7月6日 【父】山田一郎 【母】山田幸子 【続柄】長男
身分事項 　　出　　生	【出生日】大正12年7月6日 【出生地】長野県茅野市 【届出日】大正12年7月12日 【届出人】父
婚　　姻	【婚姻日】昭和29年12月5日 【配偶者氏名】鈴木花子 【従前戸籍】長野県茅野市○○町10番地　山田一郎
養子縁組	【縁組日】昭和39年10月10日 【共同縁組者】妻 【養子氏名】佐藤ルリ子
死　　亡	【死亡日】平成22年7月5日 【死亡時分】午後6時40分 【死亡地】東京都世田谷区 【届出日】平成22年7月7日 【届出人】親族　山田桜
戸籍に記録されている者	【名】花子 【生年月日】昭和7年9月17日 【父】鈴木六助 【母】鈴木小雪 【続柄】長女
身分事項 　　出　　生	【出生日】昭和7年9月17日 【出生地】新潟県柏崎市 【届出日】昭和7年9月18日 【届出人】父
婚　　姻	【婚姻日】昭和29年12月5日 【配偶者氏名】山田太郎 【従前戸籍】東京都町田市○○一丁目8番地 　　　　　　鈴木六助
養子縁組	【縁組日】昭和39年10月10日 【共同縁組者】夫 【養子氏名】佐藤ルリ子
配偶者の死亡	【配偶者の死亡日】平成22年7月5日
戸籍に記録されている者	【名】ルリ子 【生年月日】昭和36年11月12日 【父】佐藤冬男 【母】佐藤美夏 【続柄】二女 【養父】山田太郎 【養母】山田花子 【続柄】養女
身分事項 　　出　　生	【出生日】昭和36年11月12日 【出生地】名古屋市中川区 【届出日】昭和36年11月18日 【届出人】父
養子縁組	【縁組日】昭和39年10月10日 【養父氏名】山田太郎 【養母氏名】山田花子 【代諾者】親権者父母 【従前戸籍】名古屋市中川区○○　佐藤冬男

【図表1-5】戸籍抄本（個人事項証明書）

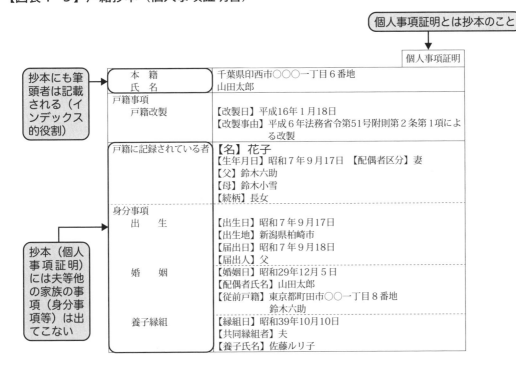

個人事項証明とは抄本のこと

個人事項証明

抄本にも筆頭者は記載される（インデックス的役割）

本　　籍 氏　　名	千葉県印西市○○○一丁目6番地 山田太郎
戸籍事項 　戸籍改製	【改製日】平成16年1月18日 【改製事由】平成6年法務省令第51号附則第2条第1項による改製
戸籍に記録されている者	【名】花子 【生年月日】昭和7年9月17日　【配偶者区分】妻 【父】鈴木六助 【母】鈴木小雪 【続柄】長女
身分事項 　出　　生	【出生日】昭和7年9月17日 【出生地】新潟県柏崎市 【届出日】昭和7年9月18日 【届出人】父
婚　　姻	【婚姻日】昭和29年12月5日 【配偶者氏名】山田太郎 【従前戸籍】東京都町田市○○一丁目8番地 　　　　　　鈴木六助
養子縁組	【縁組日】昭和39年10月10日 【共同縁組者】夫 【養子氏名】佐藤ルリ子

抄本（個人事項証明）には夫等他の家族の事項（身分事項等）は出てこない

【図表1-6】認証文と認証印

謄抄本の区別	認証文	市区町村長の印
戸籍謄本	この謄本は、戸籍の原本と相違ないことを認証する。	朱肉印
戸籍抄本	この抄本は、戸籍の原本と相違ないことを認証する。	朱肉印
除籍謄本	この謄本は、除籍の原本と相違ないことを認証する。	朱肉印 （電子職印※1）
改製原戸籍謄本	この謄本は、原戸籍の原本と相違ないことを認証する。	朱肉印 （電子職印※2）
戸籍の全部事項証明書	これは、戸籍に記録されている事項の全部を証明した書面である。	電子職印
戸籍の個人事項証明書	これは戸籍中の一部の者について記録されている事項の全部を証明した書面である。	電子職印
除かれた戸籍の全部事項証明書	これは除籍に記録されている事項の全部を証明した書面である。	電子職印

※1　最近の除籍は磁気ディスク化されているため、認証文のあとに「この除籍は、磁気ディスクから発行されたものである」と記載され、電子職印が押されています。

※2　最近の改製原戸籍は磁気ディスク化されているため、認証文のあとに「この改製原戸籍は、磁気ディスクから発行されたものである」と記載され、電子職印が押されています。

6 | 戸籍のつながり ——出生時から死亡時まで

Q 戸籍はどこまでつながっていますか？

A 戸籍は生まれてから死ぬまでつながっており、そのすべての記録を確認することができます。戸籍には従前戸籍等についての記載がありますから、本籍地と筆頭者を順番にたどっていけば出生時の戸籍までさかのぼることができます。途中で法令改正があった場合は改製原戸籍をあたります。

■ 戸籍は必ずさかのぼれる

　人がさまざまな人生を歩むなかで、たとえば、出生→婚姻→転籍→離婚→分籍→再婚→死亡といったように人生の転機がおとずれると戸籍を移動したり、新しく編製したりすることがあります。このような面からみれば、日本人の人生は戸籍を渡り歩くことともいえます。このように、身分の変動により戸籍が編製された場合、あるいは移動してきた場合は、変動する前の「従前戸籍」についての情報が必ず記載されています。電子化後の戸籍（平成6年式）は【従前戸籍】という記載があり、一目でわかるようになっています（【図表1-7】参照）。縦書の戸籍（昭和23年式等）は「従前戸籍」という記載こそありませんが、身分事項欄を見ると「東京都千代田区平河町一丁目四番地 甲野幸雄 戸籍から入籍」という記載があるため（【図表1-8】参照）、順番に読んでみればどこから来たのか（従前戸籍）がわかるようになっています。

　他方、本人の身分変動等の戸籍変動とは別に、法令により戸籍のルール・様式が変更になれば、新しい戸籍が編製されます。法令により新しい戸籍が編製された場合は、戸籍事項欄（筆頭者の次の欄）に「戸籍改製」と記載されます。古い戸籍も「改製原戸籍」（かいせいげんこせき・かいせいはらこせき）と呼ばれて本籍地の役所に保存されています。

　このように自分の身分事項に変動があったり、法令改正があったりすると戸籍を渡り歩くことになりますが、どんなに渡り歩いたとしても、1人の国民の出生から現在（相続手続の場合は死亡）までの戸籍をたどることができます。戸籍事項欄および身分事項欄を見れば必ず従前在籍していた戸籍がわかるようになっているからです。金融機関の相続手続の中でも最も重要であり難しいのが、戸籍をたどり法定相続人の調査を行うことですが、このように精巧なシステムが構築されていますから、そのルールを覚えて正確な事務（調査）ができるようにしましょう。

【図表1-7】【従前戸籍】という記載がある場合

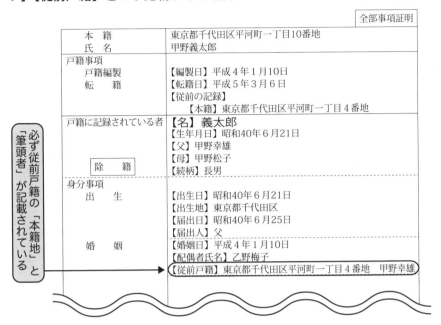

必ず従前戸籍の「本籍地」と「筆頭者」が記載されている

【図表1-8】【従前戸籍】という記載がない場合

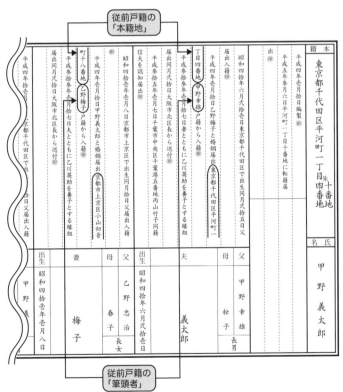

従前戸籍の「本籍地」

従前戸籍の「筆頭者」

■ 戸籍をさかのぼるには「本籍地」と「筆頭者」が重要

　戸籍は最初に本籍地と筆頭者（昔の戸籍は戸主）が記載されていますが、この本籍地と筆頭者は、いわば戸籍のインデックスとして重要な役割を果たしています。市区町村役所に対して戸籍謄本を請求するときは、申請書に必ずこの２つを記入します。現在の戸籍だけでなく、改製原戸籍や除籍についても本籍地と筆頭者で管理されていますから、現在の戸籍から古い戸籍にさかのぼっていくためには１つ前の戸籍（従前戸籍または改製原戸籍）の本籍地と筆頭者（古い戸籍では戸主）がわかれば、記載されている本籍地の役所でその２つを記入申請することにより従前の戸籍謄本を請求することができ、これを繰り返していけば出生までたどることができます。

7 ｜ 戸籍の取得方法

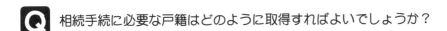 相続手続に必要な戸籍はどのように取得すればよいでしょうか？

 戸籍は本籍地の市区町村に保存（管理）されており、本籍地の市区町村に申請し取得します。行政手続・相続手続等には複数の戸籍が必要になることが多く、令和5年（2023年）以前は、戸籍証明書等を本籍地の市区町村ごとに個別に請求する必要がありましたが、令和6年（2024年）3月1日から、最寄りの市区町村の窓口で、他の市区町村が本籍地の戸籍証明書等も含めてまとめて請求することができます。

■ どこで戸籍を取得するか

　戸籍は本籍地の市区町村に保存されており、当該市区町村に申請し取得する必要があります。ただし従来は戸籍証明書等を取得するためには、本籍地ごとに各市区町村に申請する必要がありましたが、令和元年（2019年）に成立した改正戸籍法にもとづき、令和6年（2024年）3月1日から、特定の人の出生から死亡までに係る戸籍証明書等を最寄りの市区町村で一括して取得することができるようになります（いわゆる「広域交付」）。

　広域交付とは、特定の人の出生から死亡までの戸籍や除籍の証明書を本籍地以外の市区町村でも一括して取得できる仕組みです。紙に出力する戸籍証明書等の交付だけでなく、戸籍電子証明書や除籍電子証明書にも利用することができます。

■ 合併等により戸籍上の本籍地の地名がなくなっている場合

　戸籍をさかのぼっていくと、今は使われていない市区町村名にたどりつくことがよくあります。市区町村合併等で古い本籍地の地名がなくなっている場合は、現在その土地を管轄している自治体に古い市区町村名の戸籍（除籍）が廃棄されていない限り残っています。そのような場合は、旧地名が現在のどこなのかを調べなくてはなりません。

■ 本籍地がわからない場合はどうするか

　出生直後の本籍地は両親の戸籍のある本籍地であり、その後の転籍等により本籍地が変更されている方も多くいます。また、住所地と本籍地は必ずしも一致せず、むしろ住所地と本籍地は異なる場合が多いと思います。本籍地を認識している方は問題ありませんが、本籍地を認識していない方、あるいは認知症等で忘れてしまっている方が戸籍を取得するにはどうすればよいでしょうか。自分の本籍地がわからない場合は、本籍地の記載がある住民票を取

得するという方法があります。住民票の交付申請書には「本籍地」を載せるか否かの欄がありますから、「本籍地」を載せるほうにチェックをして申請すれば本籍地（および筆頭者）の記載がある住民票を発行してくれます。

NOTE

　市区町村の合併の例として、たとえば現在の東京駅八重洲口あたりの歴史を振り返ると、現在の東京都中央区八重洲一丁目は、次のような変遷があります。

①江戸期〜昭和3年（1928年）まで……西河岸町、呉服町、元大工町、数寄屋町、檜物町、上槇町

②昭和3年（1928年）〜昭和29年（1954年）まで……日本橋呉服橋一丁目〜三丁目

③昭和29年（1954年）〜昭和48年（1973年）まで……八重洲一丁目〜三丁目

④昭和48年（1973年）〜現在……八重洲一丁目（八重洲一丁目〜三丁目を八重洲一丁目に統合）

　以上の町は明治11年（1878年）から「日本橋区」に組み込まれ、昭和22年（1947年）から「日本橋区」は「中央区」に組み込まれています。そのため、たとえば元大工町が本籍地となっている方の大正時代の除籍謄本を取得したければ、現在の中央区役所に申請することになります。

　このような変遷を見ると、調査が非常に大変であるように思われるかもしれませんが、インターネットの検索をうまく利用すれば簡単に判明します。たとえば、昭和の戸籍をさかのぼり亡くなった方の父の本籍地が「日本橋区元大工町」ということがわかった場合は、「日本橋区元大工町」あるいは「元大工町」と検索サイト等に打ち込むと、今の中央区八重洲一丁目にあたるということがわかります。インターネットが使えない方は、古い戸籍に記載されている市区町村名から推測してみるか、近隣と思われる市区町村役所に電話をすると教えてもらえる場合が多いと思います。

8 | 戸籍謄本の申請方法

 戸籍謄本の申請はどのように行えばよいでしょうか?

A 役所や役場または出張所等に出向いて申請しますが、郵送による申請も可能な自治体もあります。申請の際は、申請書に必要事項を記載し、運転免許書等の本人確認書類を窓口の場合は持参、郵送の場合はコピーを郵送します。また、所定の手数料を納めなければなりません。委任状を作成すれば代理人による申請も可能です(【図表1-9】参照)。なお、戸籍証明書(戸籍謄本・抄本)のコンビニ交付(マイナンバーカードが必要)に対応した市区町村が順次拡大しています。

■ 相続手続に必要な戸籍

　申請書の様式は自治体により異なりますが、内容は同一となっており(【図表1-10】参照)、1つの申請書で戸籍、除籍、改製原戸籍のすべてが請求できるようになっています。記載にあたり注意すべき点は次の①〜⑥のとおりです。

①請求者(戸籍を使う人)の氏名を記載する

②窓口で請求者自身が申請する場合は、本人確認書類(顔写真付の証明書)を持参する

③請求者ではなく代理人が窓口で申請するときは委任状と代理人の本人確認書類(顔写真付の証明書)を持参してもらう

④使いみちを「相続」と記載(チェック)する(相続預金の払戻し等相続手続で使用する場合)

【図表1-9】代理人申請の場合の委任状例

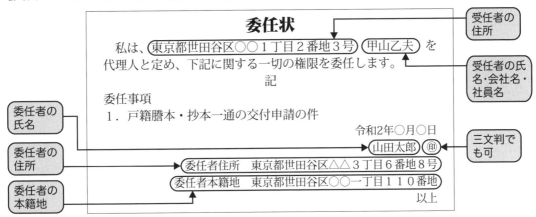

【図表1−10】戸籍証明書等交付申請書例（窓口用）

戸籍証明書等交付申請書

○○○市長　様　　　　　　　　　　　　　　令和　　年　　月　　日

1．請求者（証明書を使う人はどなたですか）　※請求には本人確認資料が必要です。

住　　所	
氏　　名	生年月日：明・大・昭・平・令　年　月　日 電　話：　　　（　　　）

2．窓口に来た人　□請求者と同じ⇒記入不要　※請求者と異なる場合は委任状が必要です。

住　　所	
氏　　名	生年月日：明・大・昭・平・令　年　月　日 電　話：　　　（　　　）

3．どなたの証明書が必要ですか

本　　籍	○○市	
筆頭者の氏名	戸籍のはじめに書かれている人	明・大・昭・平・令 年　　月　　日
必要な人の氏名	抄本・附票・身分証明書の場合は必要な人の氏名を記入してください	明・大・昭・平・令 年　　月　　日

使いみち（請求事由）は何ですか（その他の場合は具体的に記入してください）

□パスポート取得　□年金の手続き　□戸籍の届出　□相続　□その他（　　　　）

請求者とこの戸籍に記載されている人との関係（その他の場合は関係を具体的に記入してください）

□本人　□配偶者（夫又は妻）　□父母又は祖父母（直系尊属）　□子又は孫（直系卑属）　□その他（　　）

上記で関係をその他にチェックした人は、下記のいずれかにチェックをつけた上で、請求の理由を詳細に記入してください。

□権利行使・義務履行のため	権限書類	□委任状　　□戸籍謄本
□国又は地方公共団体の機関に提出するため	□登記事項証明書　□資格証明書　□社員証	
□その他 〔請求の理由〕	□身分証明書　□その他（　　　　）	
	※使いみちが下記の場合は☑をつけ提出先を記入してください。 （手数料が無料になります。） □公的年金用　　□（特別）児童扶養手当用 提出先：	

4．必要な証明書は何ですか

戸　籍	謄本	通	円	記載事項・受理証明 （死亡・婚姻）	通	円
	抄本	通	円	身分証明書	通	円
除　籍	謄本	通	円	戸籍の附票	通	円
	抄本	通	円	不在籍証明	通	円
改製原 戸　籍	謄本	通	円	その他 （　　　）	通	円
	抄本	通	円	合　計	通	円

本人確認・ 市役所記入	□免許証　□旅券　□健康保険者証　□住基カード　□年金手帳 □在留カード等　□その他（　　　　）	受　付	交　付

※偽りその他不正の手段により交付を受けたときは過料に処せられます。

22

【図表 1-11】戸籍証明書等交付申請書例（郵送用）

郵　送　用

戸籍証明書等交付申請書

※太枠内をご記入ください。

○○○市長　様　　　　　　　　　　　　　令和　　年　　月　　日

1. 請求者

住　　所	
氏　　名	㊞　電　話

※日中連絡が取れる連絡先を記入してください。

2. どなたの証明書が必要ですか？

本　　　籍	○○市	
筆頭者の氏名	戸籍のはじめに書かれている人	明治・大正・昭和・平成 　　年　　月　　日
必要な人の氏名	抄本・附票・身分証明書の場合は必要な人の氏名を記入してください	明治・大正・昭和・平成・令和 　　年　　月　　日

使いみち（請求事由）は何ですか（その他の場合は使いみちを具体的に記入してください）

□パスポート取得　□年金の手続き　□戸籍の届出　□相続　□その他（　　　　　）

請求者とこの戸籍に記載されている人との関係（その他の場合は関係を具体的に記入してください）

□本人 □配偶者（夫又は妻）　□父母又は祖父母（直系尊属）　□子又は孫（直系卑属）　□その他（　　　）

上記で関係をその他にチェックした人は、下記のいずれかにチェックをつけた上で、請求事由を詳細に記入してください。

□権利行使・義務履行のため □国又は地方公共団体の機関に提出するため □その他（　　　　　　　　　　　） 〔請求事由〕	権限書類　　　□委任状　　　□戸籍謄本 □登記事項証明書　　□資格証明書　　□社員証 □身分証明書　　□その他（　　　　） ※使いみちが下記の場合は✓をつけ提出先を記入してください。 （手数料が無料になります。） □公的年金用　　　　□（特別）児童扶養手当用 提出先：

3. 必要な証明書

戸　　籍 （450円/通）	謄本	通	除　　籍 （750円/通）	謄本	通	改製原 戸　籍 （750円/通）	謄本	通
	抄本	通		抄本	通		抄本	通
身分証明書 （200円/通）			戸籍の附票 （200円/通）		通	手数料合計		円

※偽りその他不正の手段により交付を受けたときは、過料に処せられます。

※申請書のほか、次のものを同封してください。確認のチェックをお願いします。

　　□　請求者の本人確認書類（運転免許証・旅券・官公署が発行した顔写真貼付の免許証等）のコピー。

　　□　返信用封筒（請求者の住所・氏名を記入し、返信用切手を貼ったもの）。

　　□　手数料分の定額小為替。　※郵便局で購入し、何も記入しないでください。

　　□　委任状。　※請求者が代理人の場合および身分証明書を本人以外が請求する場合に必要です。

⑤請求者と請求戸籍に記載されている人との関係（配偶者、父母、子等）について記載（チェック）する

⑥代理人による申請の場合は委任状を作成する（【図表1-9】参照）。弁護士・司法書士・行政書士等専門家は、委任状がなくても職務上請求書という書類で請求することができる（ただし職務の前提として委任者と専門家の間では通常は委任状が作成されています）

■ 郵送による請求

郵送による申請が可能であれば、多くの場合、各市区町村のホームページで郵送用の申請書をダウンロードすることができます（【図表1-11】参照）。パソコンを扱えない方、印刷機がない方は、窓口の申請書フォームを参考に手書したものでも受け付けてもらえると思いますので、電話で役所や役場に問い合わせてみてください（必要事項が記載されていれば、フォームにはこだわらなくてもよいと思います）。

郵便で請求する場合に必要な書類は以下のとおりです。

①戸籍謄本等交付申請書

②差出用封筒＋返信用封筒（切手を貼付したもの。戸籍謄本の重量が不明で正確な代金がわからないときは「不足料金受取人払」と記載しておく）

③身分証明書のコピー（運転免許証等の顔写真付の証明書のコピー）

④定額小為替（ゆうちょ銀行（郵便局）で買えますが、できるだけお釣りのないように正確な金額を役所や役場に確認しておく）

⑤直系を証明するための戸籍謄本（自分の戸籍取得時は不要。必要かどうか役所に確認しておく）

【図表1-12】戸籍交付手数料例

種　類	手数料	内　容
戸籍の全部事項証明書（戸籍謄本）	450円	戸籍に記載されている方全員の記録内容
戸籍の個人事項証明書（戸籍抄本）	450円	戸籍に記載されている方のうち、一部の方（複数も可能）の記録内容
除籍の全部事項証明書（除籍謄本）	750円	除籍に記載されている方全員の記録内容
除籍の個人事項証明書（除籍抄本）	750円	除籍に記載されている方のうち、一部の方（複数も可能）の記録内容
改製原戸籍謄本	750円	改製になった元の戸籍に記載されている方全員の記録内容
改製原戸籍抄本	750円	改製になった元の戸籍に記載されている方のうち、一部の方の記録内容

■ 手数料

戸籍謄本等の交付手数料は平成12年からは各自治体が条例で定めることになっています。ただし、ほとんどの自治体で手数料は同一で、所定の金額を窓口で納めることになります（【図表1-12】参照）。郵送の場合は、戸籍交付手数料を定額小為替（あるいは現金書留による現金）で納める以外に、返信用封筒の切手代も必要になります。

■ 戸籍証明書のコンビニ交付

マイナンバーカードを所持している方は、市区町村発行の住民票等各種証明書をコンビニ店舗等に設置されているキオスク端末(マルチコピー機)で取得することができるようになってきましたが、戸籍証明書も取得できる市区町村が増えています。住民登録している市区町村と本籍地の市区町村が同じ方は、当該市区町村が戸籍証明書に対応していれば、偽造・改ざん防止処理を施して印刷された証明書を取得できます。

住民登録している市区町村と本籍地の市区町村が異なる方についても、コンビニ等の端末から申し込み（利用登録申請）を行ったうえで、数日後に戸籍証明書に対応している本籍地市区町村により利用登録が完了すれば、コンビニ端末で戸籍証明書を取得することが可能です。

なお、本籍地の市区町村がコンビニ交付による戸籍証明書取得に対応しているか否かについては、コンビニ端末の操作による確認・「コンビニ交付」等の検索（総務省ホームページ等）・各市区町村のホームページ等により確認ができます。

9 | 他人の戸籍の取得

Q 父の相続手続のために戸籍を集めなければならなくなりました。本籍地が遠いため、代わりに現地に住む遠縁の親族に戸籍を集めてもらうことは可能でしょうか？

A 委任状があれば、遠縁の親戚あるいは第三者でも戸籍を取得することができます。

■ 戸籍は自分のほか一定の範囲の親族までしか取得できない

戸籍はセンシティブ情報を含む個人情報のかたまりです。離婚・認知等の他人には知られたくないような情報がつまっていますので、他人が戸籍を取得することはできないことになっています（第三者に委任した場合を除く）。

戸籍（戸籍謄本・抄本・戸籍に記載した事項に関する証明書）を取得することができる者は戸籍法により、以下のとおり決まっています（戸籍法10条1項）。自分と配偶者以外は直系の血族だけが当該戸籍を取得することができ、傍系あるいは姻族の戸籍を取ることはできません（【図表1-13】参照）。

①戸籍に記載されている者（除籍者を含む）
②戸籍に記載されている者の配偶者
③戸籍に記載されている者の直系尊属
④戸籍に記載されている者の直系卑属

したがって、たとえば傍系であるおじの戸籍を取得することはできません。また、傍系の姉が両親の戸籍に入っているときは両親の全部事項証明書を取得することで、姉の戸籍を取得（確認）することができますが、姉が結婚するなどして両親の戸籍から抜けた後は、姉の戸籍を取得することはできません。そのため、もし両親の戸籍から抜けた姉の戸籍が必要になった場合は弟が取ることはできないため、本人、両親、配偶者、または姉の子ども（直系卑属）に取得してもらうことになります。

■ 第三者による取得

自らの戸籍または自身が権利を有する範囲の親族の戸籍取得は、第三者に依頼することができます。その場合には必ず委任状を作成する必要があります（委任状の例は本書21頁）。相続手続業務の専門家（弁護士・司法書士・行政書士等）に依頼（委任）すれば、代理人である彼らが職権により必要な戸籍請求を行ってくれます。専門家は職務上請求書という特別な請求用紙を使うことにより、一般の第三者よりも簡単に戸籍請求・取得が行えるようにな

【図表1-13】自分を基準とした親族・姻族の関係図

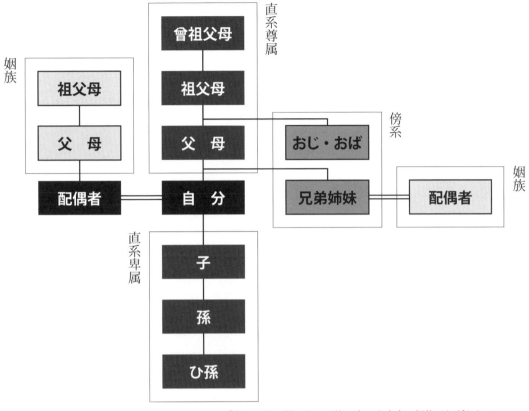

※「自分」が取得できる戸籍は白ぬき文字の親族にかぎられる

っています（戸籍法10条の2）。ただし、専門家に依頼したとしても、取得できるのは自分が権利を有する範囲の者（自分・配偶者・直系血族）にかぎられます。専門家に頼んでも、傍系の戸籍や他人の戸籍は取ってくれません。例外的に相続登記・裁判等で必要な場合は、職務上請求書で第三者の戸籍取得ができます。なお、金融機関が預金権利者を確定するために相続人の戸籍取得を専門家に依頼しても、職務上請求は認められないと思われます。

■ 広域交付と戸籍の取得

令和6年3月から戸籍証明書等の広域交付がスタートしましたが（37頁参照）、請求することができるのは前記のとおり、本人のほか、その配偶者、直系尊属、直系卑属に限られます。広域交付がスタートしてもこの点に変更はありません。専門家による職務上請求も広域交付の利用対象外です。

NOTE

〈血族と姻族とは〉

　生理的に血筋のつながる血縁者を血族といいます。また、養親子のように法律上血縁者と同様に扱われる者も血族（法定血族）といいます。一方姻族とは、配偶者の血族または自分の血族の配偶者のことです。たとえば妻の父母や姉の夫は姻族です。

〈直系と傍系とは〉

　「直系」とは親子関係で続いている系統の血族のことです。両親、祖父母、子、孫等が直系です。「傍系」とは血はつながっているが、親子関係で結ばれていない関係の親族です。兄弟姉妹、おじ・おば、いとこ等が傍系です。

〈直系尊属・直系卑属とは〉

　「尊属」とは親等のうえで、父母と同列以上の血族のことです。父母・祖父母・曽祖父母等が直系尊属です。「卑属」とは、親等のうえで、子と同列以下の血族のことです。子・孫・ひ孫・玄孫（やしゃご）等が直系卑属です。養親子の関係も法律上血族となるため養親は直系尊属であり、養子は直系卑属です。

10 | 法定相続情報証明制度とは

 法定相続情報証明制度とは何ですか？

 相続人が作成した法定相続人一覧図を登記所（法務局）に提出すると、登記官が戸籍をチェックのうえ、一覧図に間違いがないことを証明（認証）してくれる制度です。法定相続人がこの制度を利用した場合、相続預貯金を取り扱う金融機関は、法務局で交付された「認証文付きの法定相続情報一覧図の写し」だけを確認すれば法定相続人が確定するため、事務負担が大幅に軽減します。

■ 法定相続情報証明制度の背景

　法定相続情報証明制度は、平成28年（2016年）に閣議決定された「骨太の方針」等の政府方針で取り組むこととされたものです。不動産登記規則の改正等を伴い、平成29年（2017年）5月から実施されました。

　不動産の相続があった場合、都心など資産価値のある不動産では従来から相続登記が行われてきましたが、山間部等多くの不動産は相続登記が行われてこなかったため、所有者不明の土地が日本全体で九州全土の面積を上回るまでになってしまいました（所有者不明土地・空き家問題）。震災の復興や再開発にも支障をきたすようになっています（※1）。このような状況を改めるため、相続による不動産登記促進を目的として法定相続情報証明制度が創設されました。

> （※1）登記簿謄本等を調べても所有者が特定できない土地を利用可能にする特別措置法が令和元年6月に全面施行されました（所有者不明土地の利用の円滑化等に関する特別措置法）。所有者が不明の土地でも、一定の条件のもと、10年は自治体が活用できる制度です。

■ 法定相続情報証明制度の利用方法

　法定相続情報証明制度を主体（申出人）として利用するのは法定相続人です。法定相続人が複数いる場合はその中の一人のみでも申出人となることができます。代理人として、申出人の法定代理人のほか、任意代理人として、申出人の親族、または弁護士、司法書士、行政書士等の専門職（※2）が申出人となることができます（不動産登記規則247条2項2号・戸籍法10条の2第3項）。相続人が自分で行えば、必要なお金は戸籍収集の際の手数料合計数千円程度で済みますが、専門職に頼むと加えて報酬（1万数千円〜数万円）が必要です。

(1) 必要書類の収集

法定相続人または委任を受けた専門家が次の書類を準備します（不動産登記規則247条3項2号～7号）。

①被相続人の出生から死亡までの連続した戸籍謄本または全部事項証明書^(※3) [※3]

②被相続人の最後の住所を証する書面（住民票の除票または戸籍の附票）

③相続人全員の戸籍謄本・抄本または記載事項証明書 [※3]

④申出人が相続人の地位を相続により承継した者であるときはそのことを証する書面

⑤申出人の氏名・住所を確認できる公的書類（運転免許証等）

⑥申出人が代理人である場合は委任状等

　（※2）現在専門職として申出の代理を頼めるのは、①弁護士、②司法書士、③土地家屋調査士、④税理士、⑤社会保険労務士、⑥弁理士、⑦海事代理士、⑧行政書士の8士業です。

　（※3）被相続人・相続人の戸籍謄本等は、被相続人の死亡時以後に発行されたものでありさえすればよく、利用申出から何ヵ月以内に発行されたものといった有効期間は定められていません。

【図表1-14】法定相続情報一覧図の例

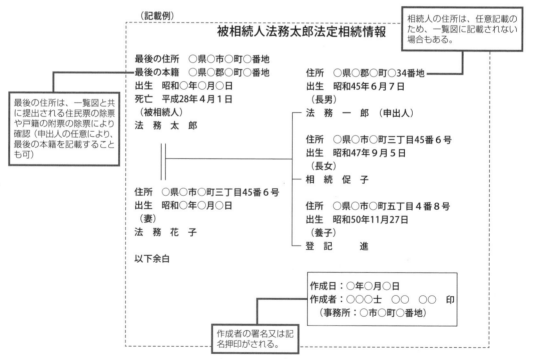

✓ 相続人又は代理人が以下のような法定相続情報一覧図を作成

✓ 上記のような図形式のほか、被相続人及び相続人を単に列挙する記載の場合もある。

✓ 作成はA4の丈夫な白紙に。手書きも"明瞭に判読"できるものであれば可とする。

　　　　　　　　　　　　　　（出所）法務局Webサイト「法定相続情報証明制度について」

(2)　一覧図の作成

　申出人は必要書類を準備するとともに、【図表1-14】のような法定相続情報一覧図を作成します（不動産登記規則247条3項1号）。一覧図に記載する事項は次のとおりです。

　①被相続人……氏名・生年月日・最後の住所・死亡の年月日

　②相続人……氏名・生年月日・被相続人との続柄（※4）

　一覧図には作成年月日を記載し、申出人が記名するとともに、その作成をした申出人またはその代理人が署名し、または記名押印しなくてはなりません（不動産登記規則247条3項1号）。

　（※4）相続人の住所は必要的記載事項ではありませんが、任意に記載することは可能です。記載した場合は申出書に住所を証する書面を添付することになっています（不動産登記規則247条4項）。

【図表1-15】法定相続情報一覧図の保管及び交付の申出書

別記第1号様式

法定相続情報一覧図の保管及び交付の申出書

（補完年月日　令和　　年　　月　　日）

申出年月日	令和　　年　　月　　日	法定相続情報番号	-　　-

被相続人の表示	氏　　　名 最後の住所 生年月日　　　　年　　月　　日 死亡年月日　　　　年　　月　　日

申出人の表示	住所（事務所） 氏名　　　　　　　　　　㊞ 連絡先　　　　-　　　- 被相続人との続柄　（　　　　　　　）

代理人の表示	住所（事務所） 氏名　　　　　　　　　　㊞ 連絡先　　　　-　　　- 申出人との関係　　□法定代理人　　□委任による代理人

利用目的	□不動産登記　□預貯金の払戻し　□相続税の申告 □その他（　　　　　　　　　　　　　　　　　　　）

必要な写しの通数・交付方法	通　（　□窓口で受取　□郵送　） ※郵送の場合，送付先は申出人（又は代理人）の表示欄にある住所（事務所）となる。

被相続人名義の不動産の有無	□有　　（有の場合，不動産所在事項又は不動産番号を以下に記載する。） □無

申出先登記所の種別	□被相続人の本籍地　　　　□被相続人の最後の住所地 □申出人の住所地　　　　　□被相続人名義の不動産の所在地

　上記被相続人の法定相続情報一覧図を別添のとおり提出し、上記通数の一覧図の写しの交付を申出します。交付を受けた一覧図の写しについては、相続手続においてのみ使用し、その他の用途には使用しません。

　申出の日から3か月以内に一覧図の写し及び返却書類を受け取らない場合は，廃棄して差し支えありません。

　　　　（地方）法務局　　　　支局・出張所　　　　　　　　宛

※受領確認書類（不動産登記規則第247条第6項の規定により返却する書類に限る。）
戸籍（個人）全部事項証明書（　　通）、除籍事項証明書（　　通）戸籍謄本（　　通）
除籍謄本（　　通）、改製原戸籍謄本（　　通）戸籍の附票の写し（　　通）
戸籍の附票の除票の写し（　　通）住民票の写し（　　通）、住民票の除票の写し（　　通）

受領	確認1	確認2	スキャナ・入力	交付		受取

（出所）法務局 Web サイト「法定相続情報証明制度について」

⑶ 登記所への申出

　一覧図を作成したら、登記所に、①一覧図の保管、②一覧図写しの交付の申出を行います。所定の様式【図表１−15】の申出書に必要事項を記入し、上記⑴の必要書類と⑵の一覧図とあわせて登記所に提出します。申出をする登記所は、被相続人の本籍地もしくは最後の住所地、申出人の住所地、または被相続人名義の不動産の所在地を管轄する登記所のいずれかです（不動産登記規則247条１項柱書）。

⑷ 一覧図写しの交付

　上記⑶の申出を受けた登記所の登記官は、提出された戸籍謄本等の記載内容と一覧図の記載内容が合致していることが確認できたら、一覧図の写し【図表１−16】を交付します。一覧図写しの交付には手数料はかかりません。一覧図写しの交付および必要書類の返却は郵送によることもできます。

　登記所では一覧図を保管しますが、登記所での保管期間は、法定相続情報一覧図つづり込み帳（不動産登記規則27条の６）作成の年の翌年から５年間とされています（同規則28条

【図表１-16】法定相続情報一覧図（写し）の例

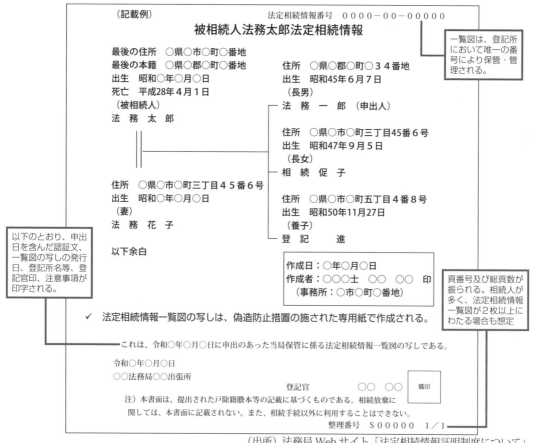

（出所）法務局 Web サイト「法定相続情報証明制度について」

32

の2第6号）。この保管期間中であれば、申出人は一覧図写しの再交付の申出をすることができます（同規則247条7項）。

■ 金融機関の相続実務上の注意点

(1) 一覧図だけで相続人を確定できない場合がある

　一覧図は戸籍の記載に基づき作成されます。登記所も戸籍の記載だけで一覧図をチェックします。ところが相続権利者は戸籍だけでは判明しない場合があり、一覧図だけで相続関係が確定しない場合があることに注意が必要です。

①相続放棄

　戸籍に記載される法定相続人の一部が相続放棄をしている場合は、放棄をした相続権のない者が一覧図に記載されます。相続放棄は戸籍に記載されないからです。相続放棄の確認は、被相続人の最後の住所地を管轄する家庭裁判所の発行した申述受理証明書により行います。なお、「廃除」は戸籍に記載されるため、廃除者は一覧図に載ってきません。

②遺言書による相続

　遺言書により例えば相続分がゼロの者であっても法定相続人であれば一覧図に記載されます。遺言書による相続預金手続を行う場合、一覧図に載っている法定相続人であっても、相続分がゼロの法定相続人の合意は原則として必要ありません^(※4)。逆に遺言書により法定相続人以外の者に相続財産を遺贈していた場合は、一覧図には表れない当該受遺者の合意が必要なのはいうまでもありません。また遺言書により廃除の取消しが行われた場合は、一覧図にはいない廃除された者が法定相続人として復活することがありえます。

　　（※4）相続分がゼロであっても、①配偶者、②子、③直系尊属の三者には遺留分があるため、遺留分減殺請求権を行使している場合等は、その者の合意が必要な場合があります。

③一覧図作成日以降の異動（相続人の死亡等）

　一覧図はあくまでも作成日の法定相続人を表しているにすぎません。したがって作成日以降に異動があった場合（典型例は法定相続人の死亡）、そのことは一覧図および一覧図の写しには反映されていないことに注意が必要です。相続預金の手続において、相続人が一覧図の写しを持参した場合は、窓口係は一覧図作成日以降、記載内容に異動が生じていないか確認する必要があります。

④戸籍に載ってこない相続人

　上記①の相続放棄者は一覧図に記載されますが、かりに放棄の事実を知らずに放棄者の合意を手続上とりつけてしまったとしても、相続手続書類には他の相続人全員の実印も押印されているため、大きな問題となることはなさそうです。ところが逆に一覧図に現れない相続人がいると手続漏れが発生するおそれがありますので注意が必要です。一覧図に現れない相続人としては次のような例が考えられます。

　　ⓐ被相続人死亡時に胎児であった子　　　ⓑ被相続人に認知されていない非嫡出子

⑵　一覧図写しの様式は決まっていない

　一覧図は申出人（またはその代理人）が作成して登記所に持ち込みますが、その様式は法定されていません。法務省ホームページでは一例として系図様式のものが示されていますが（【図表1-14】）、単に相続人等を列挙される場合もある（受け付けられる）とされています。申出人が様々な様式の一覧図を作成することがありうるため、金融機関窓口に持ち込まれる一覧図写しについても【図表1-16】とは異なる様式のものが持ち込まれることもありうることを注意喚起しておく必要があります。

⑶　一覧図写しの有効期限について

　一覧図写しは古いものでも法的には有効です。ただし古いものは「その時」（作成日）を証明しているにすぎないため、各金融機関で定めている有効期限を守る必要があります。相続手続は時間がかかることが多く、一覧図作成時と相続手続時との間隔があいてしまうと、その間に相続人の範囲が変わっているおそれがあるからです。

　一覧図写しには①作成日、②申出日、③発行日が記載されています（【図表1-16】参照）。一覧図は登記所で5年間保管が可能なため、作成日と発行日の間隔が最大5年ほどあいている場合がありえます。相続手続上は作成日を基準として有効期限を設定するべきと思われます。

⑷　相続人の同一性（本人）確認

　相続人の住所は登記規則上必ずしも必要とはされていません（前記30〜31頁⑵参照）。一覧図写しにも相続人の住所が記載されていないことがありえます。この場合、一覧図写しに記載された相続人と、窓口に手続上現れる人物の同一性の根拠を住所にもとめることができません。慎重な本人確認が必要となりますが、生年月日は一覧図に必ず記載されるため（前記30〜31頁⑵参照）、相続人として手続上現れる人物の本人確認書類（運転免許証・戸籍個人事項証明書等）と一覧図写しの生年月日が一致していれば問題ないと考えてよいと思います。

11 | 戸籍事務合理化（マイナンバー導入等）

Q 令和元年に戸籍法が改正され、令和6年（2024年）にシステム運用が開始しましたが、どのような点が変わったのでしょうか？

A 令和元年戸籍法改正のポイントは、①行政機関がマイナンバー制度を通じて戸籍情報の確認ができるようになること、②戸籍届出において戸籍謄本・抄本の添付を省略できるようになること、③本籍地以外の役所でも戸籍謄本・抄本の請求が可能になること、の3点です。令和6年3月1日から、これらの制度がスタートしました。

■ 新しい戸籍システム

　戸籍の原本は本籍地の市区町村がそれぞれ管理のうえ、法務省のシステムで副本が管理されています（戸籍副本データ管理システム[※]）。この管理システムは、被災等からのリスク管理（保存）という意味では優れた態勢ですが、各市区町村等とネットワークでつながっていないため日常的な利用はできません。戸籍は多くの個人情報を含むため、各自治体間や年金事務所などの間で戸籍情報の共有が認められていませんでした。令和元年の法改正では、これらの点を改正することにより使い勝手のよいシステムを構築することになりました。戸籍法改正のポイントは次の3点です。

　①新システム構築により各市町村とのネットワーク化を図る

　②マイナンバー制度を利用して戸籍情報確認が行われる（行政手続）

　③個人情報の保護措置（戸籍情報のアクセス制御等）

　管理システムネットワーク化の戸籍法等改正は令和元年5月に成立公布しましたが、システム構築に時間がかかるため、法公布からシステムの運用開始まで5年が想定され、令和6年（2024年）3月1日から新しいシステムがスタートしました。

　（※）東日本大震災で失われた戸籍は管轄法務局の副本により再製されましたが（3頁参照）、管轄法務局も被災することがありうるため、平成25年に国全体（全国2か所に管理センター設置）で管理する「戸籍副本データ管理システム」が導入されました。

■ 戸籍法改正のポイント

(1) マイナンバー制度への参加（行政手続）

　①戸籍副本に記録されている情報から親子関係その他の身分関係の存否を識別する情報等が戸籍関係情報として新たに作成され新システムが構築されます（新戸籍法121条の3）。

②行政機関は従来の戸籍謄抄本による戸籍情報証明手段に加えマイナンバー制度の情報提供ネットワークシステムを利用することにより戸籍情報を確認することができるようになります（附則14条）。

　これらのシステム構築により、申請窓口である行政機関は、たとえば申請者の親子関係の存否確認について、従来の紙ベースの謄抄本確認ではなくネットワーク上の電子的情報確認によることができるようになります。申請者が窓口に戸籍謄抄本を集めて持参しなくてはならなかったケースが、申請書にマイナンバーを記載するだけで手続ができるようになります（【図表1-17】）。

【図表1-17】マイナンバー制度への参加

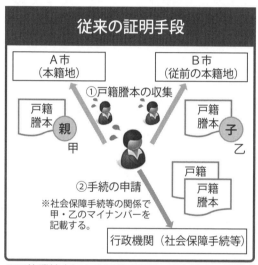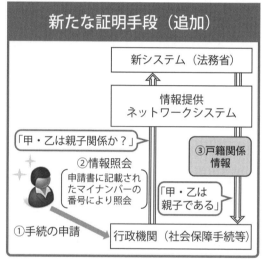

※戸籍謄抄本による証明手段は、引き続き、維持する。

（出所）法務局 Web サイト「戸籍法の一部を改正する法律の概要」

⑵　戸籍の届出における戸籍謄抄本の添付省略

　年金事務所等の行政機関は、マイナンバー制度を利用することにより、戸籍情報の確認が容易になりますが、各市区町村はマイナンバーを用いずに新システムを利用して本籍地以外の市区町村のデータを参照できるようになります（新戸籍法120条の4～120条の8）。この制度は役所間の戸籍事務内部における戸籍情報の利用ですからマイナンバーは使用しません。この結果、利用者が婚姻等の戸籍届出を行う場合、戸籍謄本の取り寄せ添付が必要なくなります（【図表1-18】）。

【図表1-18】戸籍の届出における戸籍謄抄本の添付省略

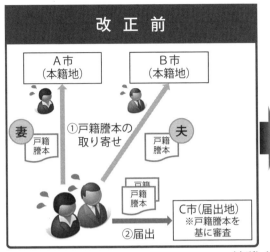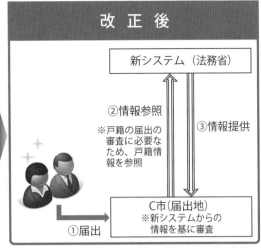

(出所) 法務局 Web サイト「戸籍法の一部を改正する法律の概要」

⑶ 本籍地以外での戸籍謄本・抄本の発行（広域交付）が可能に

　戸籍は本籍地の役所でなければ発行できませんでしたが、新システムにより、自らや父母等の戸籍について、本籍地の市区町村以外の役所の窓口でも戸籍謄本・抄本（戸籍証明書等）の請求ができるようになりました（新戸籍法120条の2）。遺族にとって相続手続の際の戸籍集めは一苦労であり、専門家に頼むケースが多いと思われますが、今後は戸籍集めがだいぶ楽になります（【図表1-19】）。

　さらにオンラインで申請を行う場合に必要になる戸籍電子証明書も、本籍地以外の市区町村で発行（パスワード取得）できるようになりました（新戸籍法120条の3、【図表1-20】）。

【図表1-19】本籍地以外での戸籍謄抄本の発行

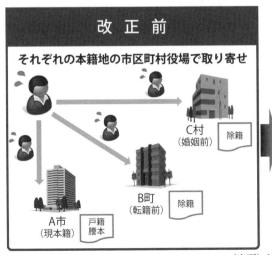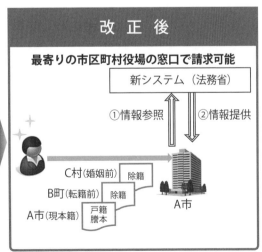

(出所) 法務局 Web サイト「戸籍法の一部を改正する法律の概要」

【図表 1-20】戸籍電子証明書の発行

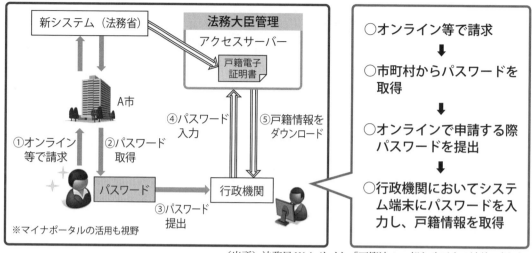

(出所)法務局 Web サイト「戸籍法の一部を改正する法律の概要」

⑷ 個人情報保護措置

　システム運用開始に伴い、本籍地以外の行政機関等でも戸籍情報にアクセスできるようになるため、従来以上に個人情報保護が重要です。具体的には次のような法制上の保護措置が講じられます。

　　①システムに関し、安全性および信頼性を確保する等の法制上の保護措置が設けられる（新戸籍法121条）。

　　②システムの設計等の秘密保持義務および当該義務違反に対する罰則が設けられる（新戸籍法121条の2、132条）。

　　③戸籍事務に従事する者が戸籍に関する事項を不正提供した場合の罰則が設けられる（新戸籍法133条）。

　さらにシステム上の保護措置として、①行政機関相互間の閉じたネットワークによる情報の送受信、②不正参照を防止するシステムの構築、証跡ログの保存等の所要の保護措置が設けられます。

昔の戸籍・今の戸籍

1 | 明治の戸籍（明治19年式・明治31年式）の注意点

Q 明治の戸籍（明治19年式・明治31年式）を見ていくうえで、どの点に注意が必要ですか？

A 現在の戸籍にはない「家督相続」の意味を理解し、戸主と中心とした家族関係が記載されていることに注意しなければなりません。また、明治31年式では「戸主ト為リタル原因及ヒ年月日」欄が設けられているので、この日付を基準に戸籍を見ていきます。基本構造は後述の大正４年式に似ています。

■ 明治の戸籍（明治19年式・31年式）

　金融機関の相続実務上は明治31年式までは調べなくてはならない場合がありえます。明治19年式は役所によっては廃棄されていることもあり、また、実務上必要になることはあ

【図表２-１】明治31年式の記載事項　　　　　**【図表２-２】明治31年式の戸籍例**

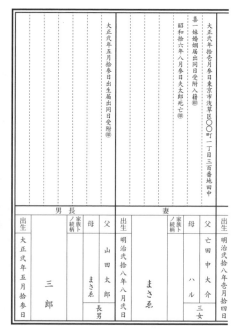

りませんが、家系図を作る場合等、ご先祖様を調べるときは、戸籍（除籍）が残っていれば謄本を取ることができます。明治19年式までさかのぼると、安政・文久・慶応等、江戸生まれの人が多数記載されています。

　明治・大正の戸籍を調査する場合は、**家督相続**の意味を理解しておく必要があります（35頁参照）。戦前の民法では子どもの相続は均等に行われるものではなく、1人（原則として長男）が家の財産・権利・義務をすべて相続することとされていました。これが家督相続です。明治・大正の戸籍には最初に**戸主**の欄があり、この戸主が家督を継いだ人のことです。

　明治19年式は、明治19年以降で新戸籍の編製が必要になった日に編製された戸籍であり、明治31年7月16日以降に編製された戸籍からは明治31年式になります。明治31年式（【図表2-1】参照）は、明治31年7月16日から大正3年12月31日まで作られていました。明治31年式には戸主となった日付が記載されていますので、その日に戸籍が編製されたことがわかります（明治19年式はこの記載がなかったため、いつ編製されたかがわかりづらくなっています）。

■ いつからいつまでの戸籍かを確認

　【図表2-2】は明治31年式の例です。この戸籍の戸主は山田太郎さんであり、父親の死

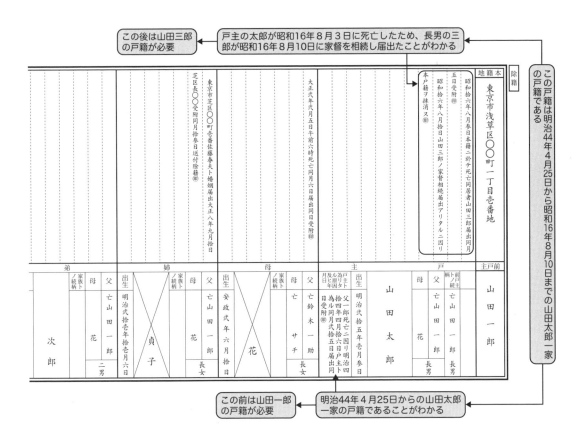

亡が原因で戸主となり、明治44年4月25日に新たにこの戸籍が編製されたことがわかります。昭和16年8月3日に山田太郎さんが死亡し、長男山田三郎さんが家督相続をしたため、昭和16年8月10日にこの戸籍が抹消されています。したがって、明治44年4月25日以前を調べるためには父一郎の戸籍（明治31年式）が必要となり、昭和16年8月10日以後を調べるためには長男三郎の戸籍（大正4年式）が必要になります。

NOTE

　日本の戸籍制度がスタートしたのは明治5年（1872年）です。明治5年には日本初の全国的な戸籍が作られ、暦も旧暦から新暦に変わりました。明治5年戸籍は「壬申戸籍（じんしん戸籍）」と呼ばれています。明治5年の干支が「壬申（みずのえさる）」だったからです。明治5年より前は、①徳川幕府により村・町ごとに作成された民衆調査の台帳（「宗門人別改帳」）、②お寺の作成した「過去帳」および③各藩で作成した所属武士の名簿ともいえる「分限帳」が戸籍の役割を果たしていました。
　明治5年式戸籍（壬申戸籍）は昭和43年（1968年）に起きた不正請求事件（過去の身分情報の記載などから被差別部落民調査のために利用されていた事件）を受けて、民事局長通達により閲覧禁止とされ、以後、壬申戸籍は法務局・市町村のいずれかにおいて厳重に封印のうえ保管されることになりました。したがって現在でも謄本請求ができるのは明治19年式までです。

2 | 大正4年式の注意点

Q 大正の戸籍（大正4年式）を見ていくうえで、どの点に注意が必要ですか？

A 大正4年式も明治時代の戸籍同様、戸主を中心として一家の記載がある戸籍という家父長制度独特の特徴があります。このため、1つの戸籍に一家全体が入っていることが多く、たとえば、戸主、母、妻、長男、姉、弟、弟妻、甥（弟の子）、姪（弟の子）が1つの戸籍に入っているというようなことが多くあります。高齢者の相続手続では大正4年式も調査しなくてはならないため、現行戸籍との相違点を確認しておきましょう。

■ 大正4年式の特徴

　大正4年式は、大正4年1月1日から昭和22年12月31日まで作られました。戸籍の1枚目の表面には戸主1人が記載され、裏面には2人、2枚目以下は表裏とも2人が記載され

【図表2-3】大正4年式の記載事項

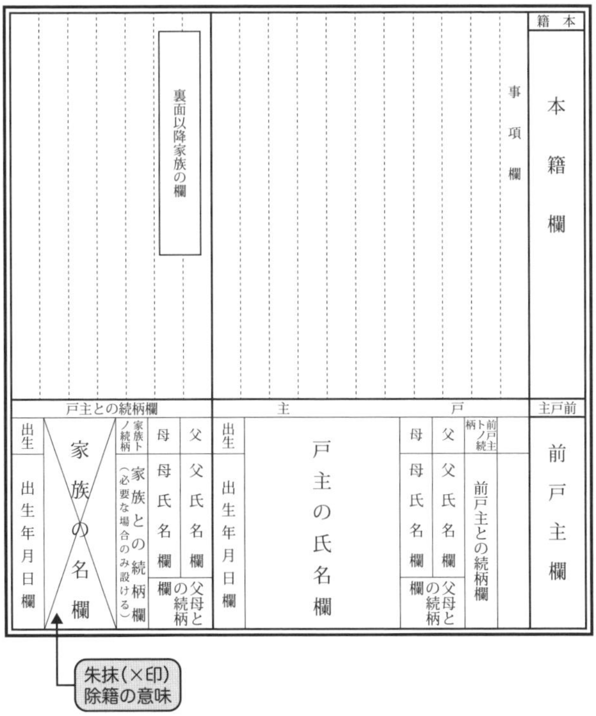

本籍欄	事項欄			裏面以降家族の欄	
本籍欄	事項欄				

（図中の記載事項）

前戸主欄：前戸主欄／前戸主

戸主欄：戸主の氏名欄／父欄・母欄／父氏名欄・母氏名欄／前戸主との続柄欄／父母との続柄欄

戸主との続柄欄：家族の名欄／家族トノ続柄（家族との続柄欄・必要な場合のみ設ける）／父欄・母欄／父氏名欄・母氏名欄／父母との続柄欄／出生欄／出生年月日欄

朱抹（×印）除籍の意味

43

ます。明治31年式（本書40頁参照）の特徴である「戸主ト為リタル原因及ヒ年月日欄」が廃止され、その内容は、戸主の事項欄に記載されるように変更されました（【図表2-3】参照）。

■ 大正4年式の見方

　【図表2-4】の戸籍には、戸主である山田和夫さんの事項欄から、前の戸主である山田軍之助さんが大正13年11月11日に死亡したことにより、長男の和夫さんが大正13年12月1日に家督相続の届出をしたことがわかります。したがって、この戸籍は大正13年12月1日以降の山田和夫家の記録がされた戸籍ということになります。それより前を調べるためには、前戸主すなわち山田軍之助さんの戸籍を調べる必要があります。

　大正4年式をはじめとして旧戸籍は、前記のとおり1つの戸籍にいくつでも夫婦が入ることができました。そのため、長男和夫さん結婚時は前戸主（父）軍之助さんがご存命だったので、お嫁さん（妻）のまさゑさんは最初は長男の妻として軍之助さんの戸籍に入りました。この点は現行戸籍（昭和23年式以後は一戸籍一夫婦が原則）とは大きく異なるため注意が必要です。大正4年式は大家族の戸籍も多くあります。大家族の戸籍の見方については本書103頁を参照してください。

【図表2-4】大正4年式の戸籍例

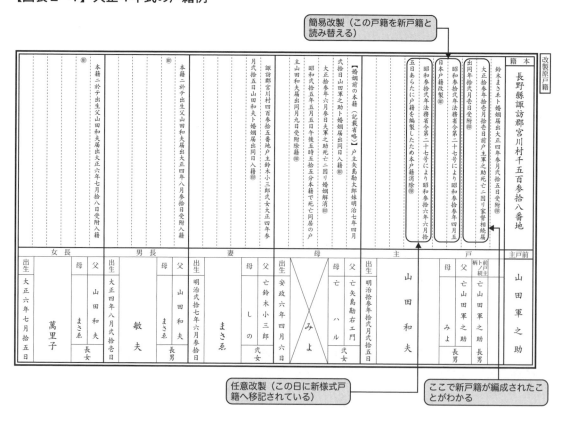

■ 大正４年式から昭和23年式への改製時の注意点

　大正４年式は家父長時代の旧民法下の戸籍でしたから、昭和23年の戸籍法施行後、速やかに改製しなくてはなりませんでした。ところがその頃はちょうど戦後の混乱期ということもあり、10年間は改製を猶予され、旧法下の戸籍（大正４年式）は新法の規定による戸籍とみなされました。なおこの10年間も婚姻等により新しく戸籍を編製しなくてはならない場合は、新戸籍（昭和23年式）が編製されました。

　昭和33年４月１日から「昭和32年法務省令第27号」に基づいて改製作業が始まりましたが、新基準が満たされた戸籍はただちに改製作業を行わずに、「昭和32年法務省令第27号により昭和33年４月５日本戸籍改製」という記載をして新戸籍とみなしました（簡易改製については本書62頁参照）。したがって、この戸籍は大正４年式ですが、一時的に昭和23年式に改製されたことになります。（山田和夫さんの戸籍は母みよさんが入っていましたが、昭和25年にお亡くなりになっているため新戸籍法の基準を満たしています）

　ところが、上記の簡易改製のままにしておくと旧戸籍様式と新戸籍様式が混在して複雑になるため、後日、名実ともに新戸籍とするために、新様式の戸籍用紙を用いた編製替えが行われました（任意改製については本書62頁参照）。「昭和32年法務省令第27号により昭和36年６月15日あらたに戸籍を編製したため本戸籍消除」という記載がこの任意改製です。山田和夫さんの戸籍は、昭和36年６月15日に新たに新戸籍が編製されたため、ここで戸籍が消除されたこととなります。昭和36年６月15日以後のことを調べるためには改製後の新戸籍（昭和23年式）を取得する必要があります。

■ 家督相続

　大正４年式戸籍を見るときは**家督相続**が重要な意味を持ちます。

　旧民法では、家督相続という制度がありました（明治31年～昭和22年）。家督相続とは、家督相続人（原則長男）が、従前の戸主がもっていた地位（一身専属のものを除いた一切の権利義務）を承継することです。家督相続の優先順位は、第１順位の直系卑属（長男優先）から第５順位の親族会により選定した者までが法定されていました。昭和22年５月２日までの死亡についての相続登記は、家督相続が登記原因になっています。皮肉なことですが、この家督相続制度があったため、昔は、現在とは異なり相続争いが少なかったようです。

　現行民法では、相続は被相続人の死亡によってのみ開始されますが（民法882条）、家督相続は、戸主の死亡以外にも原因がありました。「死亡」以外の原因としては**「隠居」・「入夫婚姻」・「国籍喪失」**等があります。このうち「隠居」は、時々みかけることがあります。「隠居」とは、戸主が家督を他の者に譲って引退することです。戸籍には、「隠居ニヨリ家督相続」と記載されます。入夫婚姻とは、夫が女戸主である妻の家に入る婚姻のことです。この場合、夫は原則として戸主となり、女戸主であった妻から生前に家督相続を受けることになります。

3 | 現行戸籍（昭和23年式）の注意点

Q 現行戸籍（昭和23年式）を見ていくうえで、どの点に注意が必要ですか？

A 現行戸籍（昭和23年式）には、いつ、どのような理由で編製された戸籍かがわかる戸籍事項欄とその人の一生の身分変動が記載されている身分事項欄に特に注意しなければなりません。戸籍事項欄の編製理由と年月日により、いつからの戸籍かがわかります。

■ 現行戸籍（昭和23年式）と大正4年式の違い

　平成6年式は昭和23年式を電子化したものにすぎないため、あわせて現行戸籍という言い方がされます（電子化の時期等は各自治体に任されました）。

　大正4年式と比べたときに現行戸籍の大きな特徴は、「戸主」という呼称がなくなったことです。戸主の代わりに先頭に記載される人は「筆頭者」という呼称になりました。筆頭者は戸主のように権限が与えられておらず、結婚して氏を名乗る側という程度の意味しかなく、

【図表2-5】現行戸籍（昭和23年式）の記載事項

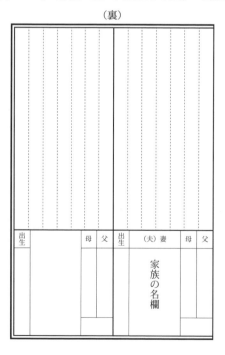

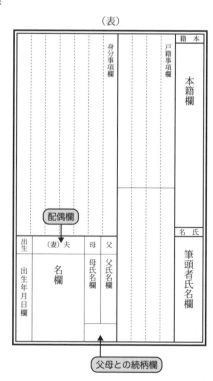

戸籍のインデックスにすぎないと考えておけばよいと思います（【図表2-5】参照）。さらに、もう1つ大正4年式との大きな違いとして、1つの戸籍には1組の夫婦とその子しか入れないという点が挙げられます。

■ 現行戸籍（昭和23年式）の特徴

　現行戸籍は、昭和23年1月1日から作られています。ただし、大正4年式を現行戸籍と読み替えたものは昭和36年頃まで旧様式のままでした。1枚目の表面には1人、裏面には2人、2枚目以降は表裏2人ずつ記載できるようになっています。また、筆頭者の左側（縦書の戸籍の場合）に「戸籍事項欄」が設けられました。戸籍事項欄にはその戸籍の編製日・改製日・転籍日・消除日が記載されているため、その戸籍の生い立ちがわかり、フォローがしやすくなっています（昭和54年までは戸籍の編製日に加えて編製事由も記載されていました）。

■ 戸籍事項欄

　戸籍事項欄には、戸籍内の各人に共通する戸籍全体に関する事項を記載することとなっています。次の3つは見かけることが多いので理解しておく必要があります（本書PART3参照）。

　　①編製……新戸籍の編製（婚姻等を原因とする）
　　②転籍……本籍地の変更
　　③改製……法令に基づく改製

　その他、「氏の変更」、「戸籍の全部の消除」、「戸籍の全部に係る訂正」、および「戸籍の再製」が記載されることになっています（戸籍法施行規則34条）。

■ 身分事項欄

　現行戸籍は、戸籍事項欄と身分事項欄を必ずチェックします。身分事項欄はその人の一生の身分変動が記載されています（戸籍法施行規則35条、本書16頁参照）。順番に追っていけばその人の過去を知ることができますが、編製、転籍、改製等があると、除籍者が移記されないほか、身分事項欄の中でも離婚や離縁（養子縁組の解消）など移記されない事項があるので注意が必要です。移記されない事項は前の戸籍までさかのぼらないと事実確認ができません。

4 | 最新戸籍（電子化戸籍～平成6年式）の注意点

Q 最新戸籍（電子化戸籍～平成6年式）の読み方で注意すべき点がありますか？　また、旧戸籍（縦書）とどのような点が異なっていますか？

A 最新戸籍はA4横書です（全部事項証明書）。左側に項目が記載されているため、旧戸籍と比べると読みやすくなっています。旧戸籍から新戸籍に改製（移記）されるときに旧戸籍で除籍された者等（婚姻で両親の戸籍から抜けた者等）が新戸籍に記載されない点は注意が必要です。最新戸籍と旧戸籍とは記録媒体・記録方法等さまざまな点で異なる点があります。

■ 最新戸籍（電子化戸籍）と旧戸籍（改製原戸籍等）

　平成6年の戸籍法一部改正により、戸籍事務の全部または一部を電子情報処理組織により取り扱うことができることとなりました（戸籍法118条）。電子情報処理組織による取扱いとは、磁気ディスク（これに準ずる方法により一定の事項を確実に記録することができるものを含む）に記録し、これをもって調製することです（戸籍法119条）。このように磁気ディスク化された戸籍を電子化戸籍（平成6年式）といいます。昭和23年式（縦書戸籍）から根本的な仕組みは変わっていないため、昭和23年式の電子化戸籍と呼び、あえて平成6年式とは呼ばないこともあります。電子化の実施時期は各市区町村の任意とされたため、実際に電子化（横書化）が行われたのは平成10年代後半以降です。平成20年代以降、全国各自治体で電子化が進められ、令和2年（2020年）9月、電子化未了であった最後の自治体、東京都御蔵島村でも電子化がスタートし、国内すべての自治体で戸籍の電子化が完了しました。電子化された戸籍の戸籍事項欄には「戸籍改製」と記載されています。改製後の戸籍には、旧戸籍で除籍された者や一定の身分事項（離婚等）が移記されていないため注意が必要です。

　最新戸籍（平成6年式）とそれ以前の戸籍の違いは【図表2-6】のとおりです。

■ 電子化戸籍の特徴

　最新戸籍（【図表20】参照）には次のような特徴があります。

(1)　本籍・氏名欄（【図表2-7】の①）

　本籍と氏名が記載されています。改製原戸籍（縦書）では上下に区分けされ、上に本籍、下に氏名が記載されていました。

【図表2-6】最新戸籍（横書）と旧戸籍（改製原戸籍等（縦書））の違い

	最新戸籍（横書・平成6年式）	旧戸籍（縦書・改製原戸籍等）
記録媒体	磁気ディスク（またはそれに準じた媒体）	紙
記録方法	コンピュータ（ワープロ）	タイプまたは手書き
謄本等	印刷	コピー
戸籍の大きさ	A4	B4
身分事項欄等の記載	項目化（項目別に列挙）	文章形式の羅列
証明書の呼び名	全部事項証明書 個人事項証明書	謄本 抄本

【図表2-7】電子化後の戸籍

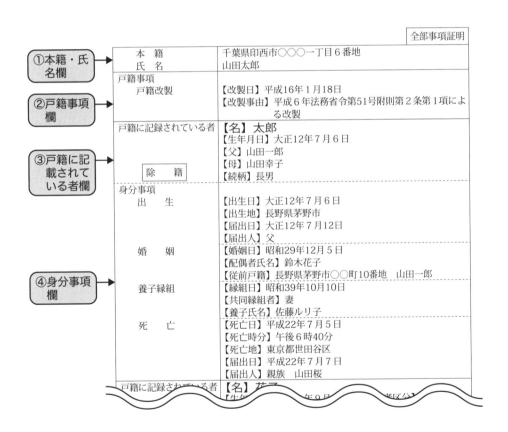

		全部事項証明
①本籍・氏名欄	本　籍 氏　名	千葉県印西市○○○一丁目6番地 山田太郎
②戸籍事項欄	戸籍事項 　戸籍改製	【改製日】平成16年1月18日 【改製事由】平成6年法務省令第51号附則第2条第1項による改製
③戸籍に記載されている者欄	戸籍に記録されている者 　　除　籍	【名】太郎 【生年月日】大正12年7月6日 【父】山田一郎 【母】山田幸子 【続柄】長男
④身分事項欄	身分事項 　出　生 　婚　姻 　養子縁組 　死　亡	【出生日】大正12年7月6日 【出生地】長野県茅野市 【届出日】大正12年7月12日 【届出人】父 【婚姻日】昭和29年12月5日 【配偶者氏名】鈴木花子 【従前戸籍】長野県茅野市○○町10番地　山田一郎 【縁組日】昭和39年10月10日 【共同縁組者】妻 【養子氏名】佐藤ルリ子 【死亡日】平成22年7月5日 【死亡時分】午後6時40分 【死亡地】東京都世田谷区 【届出日】平成22年7月7日 【届出人】親族　山田桜
	戸籍に記録されている者	【名】花子

⑵　戸籍事項欄（【図表2-7】の②）

戸籍の成り立ち等戸籍自体に係る記録がされるところです。平成6年式は法改正でできた戸籍であるため、ここに戸籍改製と記載されているものが多くあります。旧戸籍（昭和23年式）は本籍地の左隣に戸籍事項欄がありましたが、大正4年式になると戸籍事項は戸主の（身分）事項欄に記載されています。なお、【図表2-7】の電子化戸籍のもとの戸籍（改製原戸籍）の右側欄外には次のように記載されています（実際は縦書）。

「改製原戸籍　平成六年法務省令第五十一号附則第二条第一項による改製につき平成拾六年壱月拾八日消除」（本書63頁【図表3-9】参照）

⑶　戸籍に記載されている者欄（【図表2-7】の③）

戸籍に記載されている者の名前が最初に記載されていますが、電子化戸籍では改製前の戸籍の父母欄・父母との続柄欄・名欄・生年月日欄・配偶者区分欄がまとめて1つの欄になり、それぞれが項目化されて簡潔に列挙されています。

⑷　身分事項欄（【図表2-7】の④）

左側に身分の変動に関する「婚姻」等の項目が、右側に年月日等の詳細が記載されます。旧戸籍（縦書）の身分事項欄も内容は同じことが書かれていますが、項目の記載がなく身分事項欄に身分変動が列挙されているだけです。しかも漢字が句読点等の区切り無しで連続して書かれているので、最新戸籍と比べるとずいぶん読みにくく感じます。たとえば「壱月壱日○○○○と婚姻届出愛知県名古屋市中川区○○○弐丁目○○番地△△△△戸籍から入籍」といった具合に続けて記載されており、どこで区切ればよいのか戸惑ってしまうことがありますので注意が必要です。

戸籍調査のポイント

1 | 金融機関における戸籍の必要性

Q 金融機関ではどのような取引で戸籍が必要になりますか？　また、なぜ戸籍が必要なのでしょうか？

A 金融機関では預金・投信等の払戻手続ならびに融資の引受手続等で戸籍が必要になります。戸籍は、**①死亡の事実確認、②法定相続人の本人確認（身分確認）、③法定相続人の確定**の3つの目的で提出していただきますが、③法定相続人の確定作業が戸籍調査のなかでも一番重要で手間のかかる部分です。特に法定相続人である子どもの確認（子どもがいなかったことの確認）が重要なポイントです。

■ 戸籍が必要な手続

　戸籍は日本国民であること、および国民各人の身分関係（出生・親子・養子・婚姻・離婚・離縁・死亡など）を証明するものです。人生で戸籍が必要になる主な手続は以下のような場合ですが、多くは相続に関わるケースです（①～④）。

　①金融機関の相続手続（相続預金の払戻等）

　②不動産の相続登記

　③年金未支給分受取手続（相続人による請求）

　④生命保険金受取手続

　⑤年金受給手続

　⑥パスポート発給申請手続

　⑦婚姻届（本籍地以外で提出する場合）

■ なぜ戸籍が必要か

　パスポートや婚姻届の場合は、本人の身分状況を確認するだけなので現在の戸籍謄本・抄本だけを提出すれば済みます。ところが相続の手続（上記①～④）は現在のものだけでは済みません。なぜなら、相続手続においては、本人の現在の状況を確認するために被相続人と相続人双方の現在戸籍が必要になることに加え、さらに法定相続人を確定するために被相続人の出生から死亡までの連続した戸籍が必要になるからです。また、被相続人と家族との関係を調査しなくてはならないため、抄本ではなく全員が載っている謄本の提出を求めます。

■「子」の調査がポイント

　法定相続人のうち、配偶者だけは現在戸籍でわかりますが、その他の相続人（子・直系尊属・兄弟姉妹）は現在戸籍だけで確定できることはまれで、ほとんどのケースでは、いくつかの戸籍をさかのぼってすべて調べなくてはなりません。相続預金等の戸籍調査でポイントとなるのは「子」（実子および養子）の調査です。次の3点に留意が必要です。

①申告された子以外に子（代襲者を含む）がいないことを調べるため（確認するため）には、少なくとも被相続人が子をもうけることができる年齢（10〜15歳くらい）まではさかのぼらなくてはならない

②直系尊属・兄弟姉妹の調査においては、子（代襲者を含む）がいないこと（またはいても相続権がないこと）を確認する必要がある

③除籍された子（婚姻で戸籍を出た子など）は新戸籍に移記されない

　戸籍のルールとして上記の③のルールがあるため、過去の戸籍にさかのぼらなくてはならないことになります。また直系尊属や兄弟姉妹の相続の場合は、両親の戸籍までさかのぼらなくては相続人が判明しません。子が1人でもいたら直系尊属・兄弟姉妹に相続権は発生しないため、まずは子の有無についての確認作業が必要になります。

■ 法定相続情報証明制度の利用（29頁参照）

　2019年（令和元年）から法定相続情報証明制度が実施されたため、ご遺族に法務局で交付された「（認証文付きの）法定相続情報一覧図の写し」を持参していただくと、金融機関は原則として戸籍の調査はしなくてもよいこととなります。2019年以降、多くの相続手続でこの「写し」による法定相続人の確認が行われており、金融機関の事務合理化に寄与しています。

2 | 戸籍をさかのぼる

Q 戸籍をさかのぼるとはどのようなことですか？

A 日本人は生まれると必ず戸籍に載りますが、その後の人生次第で戸籍を新たに作ったり、別の人の戸籍に入ったりすることがあります。戸籍をさかのぼるとは、現在の戸籍が別の戸籍から「移記」・「転記」されてできている場合、1つずつ順番に前の戸籍を確認し、生まれたときの戸籍まで連続性を確認することです。

■ 戸籍の移記

　日本人は生まれると、通常、親の戸籍に入りますが、その後、年を経るにつれて、身分の変化が発生すると戸籍に身分変動が記録されていきます。その過程で戸籍の移記が行われることがあります。婚姻や養子縁組のように身分の変更で移記されることもあれば、法令の改正・本籍地の変更（転籍）等により移記されることもあります。移記される前の戸籍を調べてチェックするのが「戸籍をさかのぼる」ということですが、ご高齢の方になると、この移記が何回も行われていることがありますので、多くの戸籍を集めなくてはならない場合があります（【図表3-1】参照）。

　金融機関の相続人調査では、亡くなった方の戸籍を出生時までさかのぼれれば問題ありま

【図表3-1】人の一生と戸籍の変遷

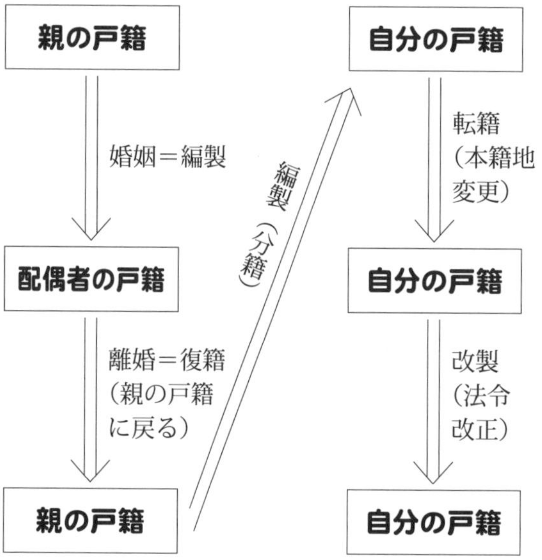

【図表3-2】新戸籍ができる原因

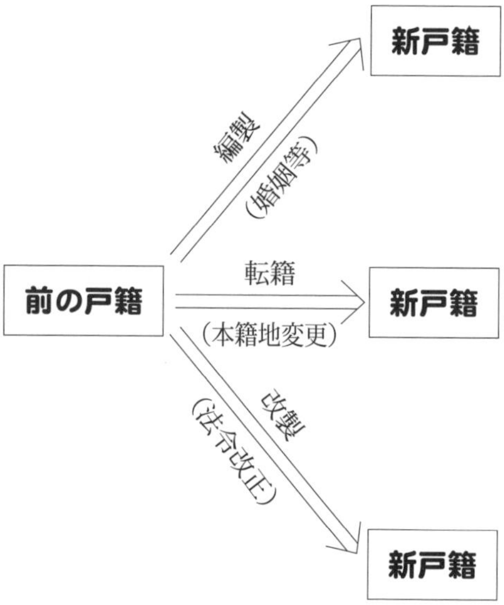

せんが、実質的には10歳〜15歳くらいまでさかのぼれれば問題ないとされています。これは、亡くなった方に子どもがいなかったことの確認をとることが主目的だからです。

■ 最初に戸籍事項欄をチェックする

　戸籍をさかのぼるためには、まず戸籍事項欄をチェックするくせをつけましょう。戸籍事項欄は、戸籍内の各人に共通する戸籍全体に関する重要な事項が記録されています。具体的な記録事項は次のとおりです（戸籍法施行規則34条）。

　①新戸籍の編製に関する事項

　②氏の変更に関する事項

　③転籍に関する事項

　④戸籍の全部の消除に関する事項

　⑤戸籍の全部に係る訂正に関する事項

　⑥戸籍の再製または改製に関する事項

　以上の6項目のうち、戸籍をさかのぼるうえで実際の戸籍調査で見かけることが多く、特に重要なのが、①の「編製」、③の「転籍」、⑥の「改製」の3点（【図表3-2】参照）です。

　「**編製**」とは、新たに戸籍を作成（編製）することです。主に身分事項の変動により編製されます。婚姻・養子縁組が代表例ですが、親の戸籍を単独で抜け出す「分籍」も編製です。

　「**転籍**」とは、本籍地の変更のことです。転籍は元の戸籍の戸籍謄本の記載内容がほとんどそのまま新戸籍に引き継がれます。ただし除籍者の事項が移記されない点と離婚・離縁等が移記されない点には注意が必要です。具体的な移記事項は戸籍法施行規則に規定があります（戸籍法施行規則39条）。

　「**改製**」とは、法令（法律または命令）により様式変更があった場合に、従前様式を新様式に改め、新しい戸籍を作ることです。転籍と同じく、改製の時点で戸籍に在籍する者のみを新しく編製された戸籍に転記します。結婚・養子縁組・死亡等により除籍された者が除かれる点に注意が必要です。また、離婚・離縁等の身分事実も移記されません。

【図表3-3】【従前戸籍】の記載チェック

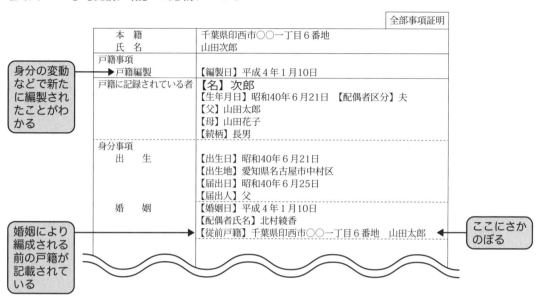

従前戸籍をチェックする

編成等で新規編製された戸籍に入っている人の身分事項欄を見ると、身分変動（たとえば婚姻等）の記載があれば、多くの場合そこには【従前戸籍】という記載があります。この従前戸籍にさかのぼればその人が前に入っていた戸籍がわかります。現在の戸籍（電子化戸籍＝平成6年式）では明確に【従前戸籍】と記載されているのでわかりやすいですが（【図表3-3】参照）、縦書の戸籍（改製原戸籍等）では、単に「○○と婚姻届出東京都○○番地△△戸籍から入籍」と記載されているだけですから、身分事項欄に列挙されている項目の文章から従前戸籍を探さなくてはなりません。

具体的なさかのぼり方（連続性のチェック）

具体的に戸籍をさかのぼってみましょう（連続していることを確認しましょう）。次の4つの確認作業がポイントとなります。

①被相続人の死亡事実が記載されている戸籍謄本を確認。

②①の戸籍事項欄を見て、この戸籍がいつ作られたか日付（編製日または改製日）を確認。

③1つ前の戸籍を取り寄せ、消除日または除籍日と②の日付とを照合。

④さらに、1つずつ前の戸籍を取り寄せ、②・③で述べた照合作業を繰り返しながら、被相続人が出生した時点の戸籍まで収集する（次頁の【図表3-4】は説明のために必要がないところは省略しています）。

【図表3-4】戸籍の連続性の確認

(図表3-4-1)

除　籍		全部事項証明
本　籍	○○○○○○	
氏　名	山田太郎	
戸籍事項 　戸籍改製 　戸籍消除	平成15年1月18日 平成26年4月4日	
戸籍に記録されている者 　　　除　籍	【名】太郎	
身分事項 　出　　生 　婚　　姻 　死　　亡	昭和26年8月15日 昭和45年7月10日 平成26年4月4日	

(1) 山田太郎さんの死亡事実記載の戸籍（図表3-4-1）を入手

(2) （図表3-4-1）の事項記載欄を見て、戸籍の作成日を確認
　→平成15年1月18日に改製されている。

(3) 改製前の戸籍（改製原戸籍、図表3-4-2）を入手

(4) 2つの戸籍を見比べ、改製日と消除日が同じかを確認
　→改製日も消除日も平成15年1月18日なので、（図表3-4-1）と（図表3-4-2）の戸籍は連続している！

(5) （図表3-4-2）の戸籍事項欄を見て、戸籍の作成日を確認
　→昭和45年7月10日に戸籍が編製されている。

(図表3-4-2)

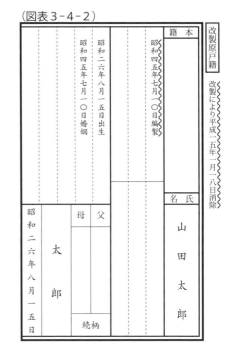

(6) 編製前の戸籍（ここでは除籍謄本、図表3-4-3）を入手し、太郎さんの身分事項欄をチェック

(7) 2つの戸籍を見比べ、編製日と除籍日が同じかを確認
　→編製日も除籍日も昭和45年7月10日である。

(8) （図表3-4-3）の戸籍事項欄を見て、戸籍の作成日を確認
　→昭和24年10月10日に戸籍が編製されている。
　（太郎さんは昭和26年8月15日生まれで、昭和24年10月10日の戸籍編製後に生まれています。これで太郎さんの出生から死亡までの戸籍がそろいました）

(図表3-4-3)

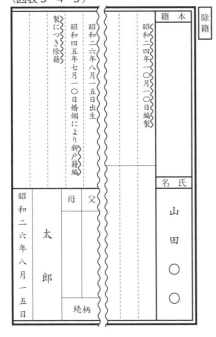

3 | 戸籍の改製

Q 戸籍事項欄に記載されている「改製」とはどういう意味ですか？

A 戸籍の改製とは、戸籍の様式が法令（法律または政省令）によって改められた場合に、旧様式の戸籍を新様式戸籍に移記して編製替えをすることです。そのため、「戸籍改製」または「改製」と書かれている場合は、必ず旧様式戸籍が存在することに留意する必要があります。この旧様式の戸籍のことを**改製原戸籍**といいます。「かいせいげんこせき」または「かいせいはらこせき」と呼びます。役所では「げんこせき」と呼ぶと「現戸籍」と間違えてしまうため、「はらこせき」と呼ぶところが多いようです。

■ 電子化による改製

最近の戸籍（現在戸籍）は電子化されているため横書になっており、戸籍事項欄には「戸籍改製」と記載されているものが多く見られます。現在戸籍例（【図表3−5】）の戸籍事項欄を見ると「【改製事由】平成6年法務省令第51号附則第2条第1項による改製」と書かれています。この記載により、平成6年に戸籍法の一部が改正されたときに出された法務省令に基づく改製ということがわかります。この法令改正は戸籍の電子化（磁気ディスクにより調整された戸籍）のための改正です。そのため、【図表3−5】の戸籍は必ず改製原戸籍があり、ほとんどの相続調査手続においてこの改製原戸籍の提出も求めなくてはなりません。なぜならば、**旧戸籍から新戸籍に移記される過程で、効力の消えている事項（典型例は離婚）や除籍された者（典型例は結婚した子ども）は除かれて編製されている**からです。

■ 今までに行われた改製

戸籍の法令改正は平成6年だけではありません。明治5年に戸籍制度が生まれてから改製を伴う大きな法令改正は、明治19年、明治31年、大正4年、昭和23年、平成6年（昭和23年式の電子化ですが本書では平成6年式と呼びます）と5回行われています。それぞれ必ず改製原戸籍が存在することを念頭に置いて戸籍調査をしなくてはなりません。

【図表 3－5】 電子化戸籍の改製

<table>
<tr><td colspan="2" align="right">全部事項証明</td></tr>
<tr><td>本　籍
氏　名</td><td>千葉県印西市○○○一丁目 6 番地
山田太郎</td></tr>
<tr><td>戸籍事項
　戸籍改製</td><td>【改製日】平成16年 1 月18日
【改製事由】平成 6 年法務省令第51号附則第 2 条第 1 項による改製</td></tr>
<tr><td>戸籍に記録されている者

　　　除　　籍</td><td>【名】太郎
【生年月日】大正12年 7 月 6 日
【父】山田一郎
【母】山田幸子
【続柄】長男</td></tr>
<tr><td>身分事項
　出　　生

　婚　　姻

　養子縁組

　死　　亡</td><td>【出生日】大正12年 7 月 6 日
【出生地】長野県茅野市
【届出日】大正12年 7 月12日
【届出人】父
【婚姻日】昭和29年12月 5 日
【配偶者氏名】鈴木花子
【従前戸籍】長野県茅野市○○町10番地　山田一郎
【縁組日】昭和39年10月10日
【共同縁組者】妻
【養子氏名】佐藤ルリ子
【死亡日】平成22年 7 月 5 日
【死亡時分】午後 6 時40分
【死亡地】東京都世田谷区
【届出日】平成22年 7 月 7 日
【届出人】親族　山田桜</td></tr>
<tr><td>戸籍に記録されている者</td><td>【名】花子
【生年月日】昭和 7 年 9 月17日
【父】鈴木六助
【母】鈴木小雪
【続柄】長女</td></tr>
<tr><td>身分事項
　出　　生

　婚　　姻

　養子縁組

　配偶者の死亡</td><td>【出生日】昭和 7 年 9 月17日
【出生地】新潟県柏崎市白井
【届出日】昭和 7 年 9 月18日
【届出人】父
【婚姻日】昭和29年12月 5 日
【配偶者氏名】山田太郎
【従前戸籍】東京都町田市○○一丁目 8 番地　鈴木六助
【縁組日】昭和39年10月10日
【共同縁組者】夫
【養子氏名】佐藤ルリ子
【配偶者の死亡日】平成22年 7 月 5 日</td></tr>
<tr><td>戸籍に記録されている者</td><td>【名】ルリ子
【生年月日】昭和36年11月…</td></tr>
</table>

法令改正による編製替えであることがわかる

必ず改製原戸籍が存在する

4 | 旧民法から新民法への移行の際の改製

Q 戦前の民法から戦後の新民法に改められた際に何が変わりましたか。また、改製作業はどのように行われましたか。

A 戦後、民法の大改正により、家族制度が大幅に変更されました。特に戸主制度が廃止されたため、戸籍法もそれに基づいて改正されました。しかし、戦後の混乱の影響から改製作業は10年の猶予の後に開始されました。10年間は新たな戸籍編製以外は旧様式がそのまま使われていました。

■ 戦後民法施行による改製

　戦後の新民法施行により家族制度が大幅に改められ、昭和22年に戸籍法も改正されました（本書では昭和23年1月1日に施行されたため昭和23年式と呼んでいます）。ちなみに、

【図表3-6】通常改製（昭和23年式〜改製後の新戸籍）

改製により戸主であった長男の戸籍から新たに編製されたことがわかる

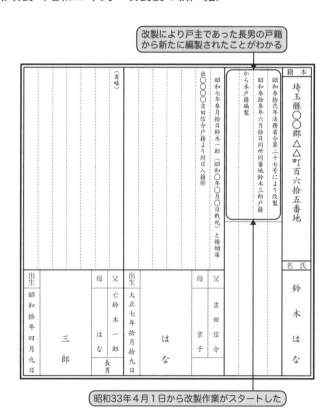

昭和33年4月1日から改製作業がスタートした

昭和23年式の前身（旧戸籍）は大正４年式です。昭和23年頃の日本は米国（連合国）の占領下にあり戦後の混乱が収まっていなかったため、大正４年式から昭和23年式への移記（改製）は、10年後に延期されました。そのため、昭和23年から10年間は大正４年式（旧法戸籍）の表記のままで新法上の戸籍とみなされることになりました。そして、10年経過した昭和33年４月１日から大正４年式の改製作業が始まりました。この改製作業に先だって出された政令が**「昭和32年法務省令第27号」**です。

■ 昭和23年式への改製（通常改製）

　昭和23年式の戸籍事項欄を見てみましょう。昭和23年式の戸籍事項欄は本籍の左隣の欄です。【図表３-６】の「鈴木はな」さんの戸籍には「昭和参拾弐年法務省令第二十七号により改製」と書かれています。これにより、昭和33年６月10日に同所同番地鈴木三郎（長男）の戸籍から改製により編製されて移記されてきたということが読み解けます。長男（筆頭者）の戸籍から母が出て新戸籍を編製するということは現行法ではありえません。しかし、戦前は長男が戸主という例が多くあったため、新法の編製基準（親が先に来なくてはならない）に合致しないので、母が長男の戸籍から抜けて新しい戸籍を作らなくてはならなかったと推測されます。そのため、母である「鈴木はな」さんの戸籍をさかのぼる場合には、改製前（改製原戸籍）の長男三郎の戸籍が必要になります。

【図表３-７】簡易改製

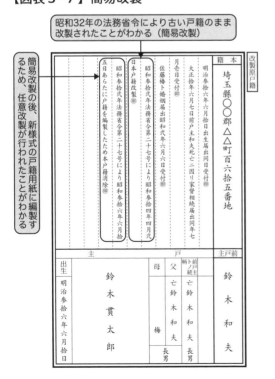

【図表３-８】任意改製

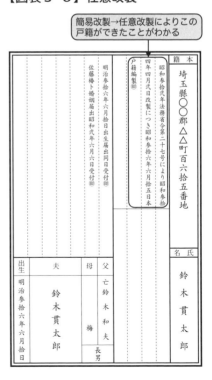

■ 簡易改製と任意改製

　ところが実際には、昭和33年以後の「改製」ですぐに新しい戸籍が編製されなかった例が多くあります。その例が【図表3-7】（改製原戸籍）・【図表3-8】（改製後新戸籍）です。

　【図表3-7】（改製原戸籍）を見ると、旧戸籍（大正4年式）の戸主事項欄に「昭和参拾弐年法務省令第二十七号により昭和参拾四年四月弐日本戸籍**改製**」と書かれています。【図表3-6】（新戸籍）は、昭和23年式（新様式）の戸籍に新しく編製されたため、「改製」と書かれていますが、【図表3-7】（改製原戸籍）は大正4年式にもかかわらず、「改製」と書かれています。本来新しくできる戸籍に記載されるはずの「改製」が、なぜ大正4年式に記載されているのでしょうか。

　これは、旧法（大正4年式）の戸籍であっても、その戸籍に在籍する者・在籍状況が新法（昭和23年式）の戸籍編製基準に合致している場合は、そのままでも問題がないため、戸主の事項欄に改製事由を記載して改製済みの効力を生じさせ編製替えを省略したという経緯があるからです。この改製を**簡易改製**と呼びます。ですから【図表3-7】の戸籍は昭和34年4月2日の時点で古い戸籍のままで「改製」されていることになります（昭和32年法務省令4条1項）。

　しかし、このままにしておくと、旧戸籍と新戸籍が混在して混乱するおそれがあります。したがって後日、名実ともに新戸籍とするために、新様式の戸籍用紙を用いた編製替えが認められました（同省令4条2項）。この改製は各市町村の任意であったため**任意改製**と呼ばれています。この任意改製が行われると、読み替えて使用されていた旧様式（大正4年式）の戸籍は、「昭和参拾弐年法務省令第二十七号により昭和参拾六年六月拾五日あらたに戸籍を編製したため本戸籍**消除**」と消除の記載がされたうえで現在戸籍の座をおりることになります。任意改製後の新しい戸籍は【図表3-8】のようになります。【図表3-6】と【図表3-8】は同じ昭和23年式ですが、戸籍事項欄の記載により生い立ちが異なることを読みとれるようにしてください。

5 ｜ 戸籍の編製

Q 戸籍事項欄に書いてある「編製」とはどういう意味ですか？

A 編製とは、新しく戸籍を作ったという意味です。身分の変動（婚姻等）を原因とするものが多く、たとえば夫婦が新しく戸籍を作った場合は、新戸籍の戸籍事項欄には編製（戸籍編製）と記載されます。すべての戸籍の戸籍事項欄には新戸籍の編製事項（編製のほか改製・転籍等）が記載されています。

■ 編製とは

　新しく戸籍を作ることを一般に編製といいますが、特に戸籍事項欄の「編製」とは、新しく戸籍を作る原因から「改製」・「転籍」・「再製」を除いて、主に身分の変動（婚姻等）により新しく戸籍を作ることを指します。

【図表3−9】電子化前の戸籍の例

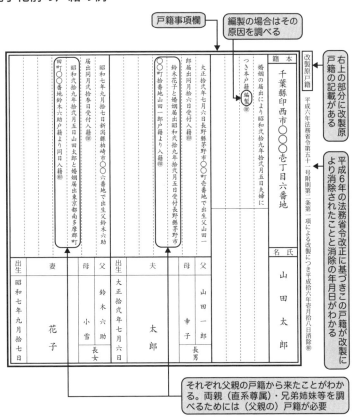

（図中の記載）

戸籍事項欄

編製の場合はその原因を調べる

右上の部分に改製原戸籍の記載がある

改製原戸籍　平成六年法務省令第五十一号附則第二条第一項による改製につき平成拾六年壱月拾八日消除㊞

平成6年の法務省令改正に基づきこの戸籍が改製により消除されたことと消除の年月日がわかる

籍本　千葉縣印西市○○○壱丁目六番地

婚姻の届出により昭和弐拾九年拾弐月五日夫婦につき本戸籍に編製㊞

大正拾弐年七月六日長野縣茅野市○○町壱番地で出生父山田一郎届出同月拾六日受付入籍㊞

鈴木花子と婚姻届出昭和弐拾九年拾弐月五日受付長野縣茅野市○○町拾番地山田一郎戸籍より入籍㊞

昭和七年九月拾七日新潟縣柏崎市○○六番地で出生父鈴木六助届出同月弐拾参日受付入籍㊞

昭和弐拾九年拾弐月五日山田太郎と婚姻届出東京都南多摩郡○○町○○番地鈴木六助戸籍より同日入籍㊞

氏名　山田太郎

父　山田一郎　母　幸子　長男　夫　太郎　出生　大正拾弐年七月六日

父　鈴木六助　母　小雪　長女　妻　花子　出生　昭和七年九月拾七日

それぞれ父親の戸籍から来たことがわかる。両親（直系尊属）・兄弟姉妹等を調べるためには（父親の）戸籍が必要

【図表3-10】電子化後の戸籍の例

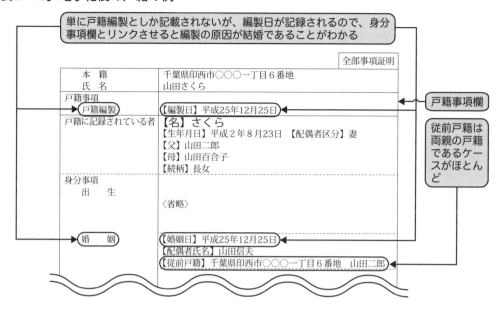

単に戸籍編製としか記載されないが、編製日が記録されるので、身分事項欄とリンクさせると編製の原因が結婚であることがわかる

全部事項証明

本　籍	千葉県印西市○○○一丁目6番地
氏　名	山田さくら
戸籍事項	
戸籍編製	【編製日】平成25年12月25日
戸籍に記録されている者	【名】さくら
	【生年月日】平成2年8月23日　【配偶者区分】妻
	【父】山田二郎
	【母】山田百合子
	【続柄】長女
身分事項	
出　生	〈省略〉
婚　姻	【婚姻日】平成25年12月25日
	【配偶者氏名】山田信夫
	【従前戸籍】千葉県印西市○○○一丁目6番地　山田二郎

戸籍事項欄

従前戸籍は両親の戸籍であるケースがほとんど

　【図表3-9】の山田太郎さんの戸籍事項欄（本籍の左隣）を見ると「編製」と書かれています。縦書の戸籍（改製原戸籍）では「編製」の書き方として、【図表3-9】のように「婚姻の届出により」という原因が書かれているケース（古い戸籍）と、単に「○年○月○日編製」と原因が書かれていないケース（比較的新しい戸籍）があります。これは昭和54年12月から記載方法が簡略化されたためですが、昭和54年12月以後に結婚した夫婦でも、身分事項欄の日付を確認すればすぐに婚姻による編製であるということがわかります。

　戸籍の編製があった場合、電子化戸籍（平成6年式）では戸籍事項欄に「戸籍編製」と書かれています（【図表3-10】参照）。編製の原因はさまざまですが、最も多く見かけるのが「婚姻」です。編製の場合は従前の戸籍があるので、編製と書かれている戸籍は、その原因をチェックしたうえで「従前戸籍」にさかのぼることができます。電子化戸籍では【従前戸籍】と明確な記載がありますが（【図表3-10】参照）、改製原戸籍（昭和23年式）では「○○○○戸籍より入籍」と書かれているだけなので注意しましょう。

編製の原因

　編製の原因としては、婚姻の例を見かけることが多いと思いますが、そのほかにも養子縁組・離婚等の原因で新しい戸籍が編製されることもあるので、原因をチェックしたうえで前の戸籍にさかのぼるようにしましょう。

NOTE

編製の原因として、以下の事例が考えられます。
----
①婚姻（戸籍法16条1項）をしたとき……現行戸籍では1戸籍1夫婦の原則が

あるので、婚姻により新戸籍が編製されます。ただし、分籍等により結婚前に氏を名乗る方の者がすでに筆頭者である場合は新規編製されません。

②外国人との婚姻の届出で日本人が筆頭者でないとき（戸籍法16条３項）……たとえば、父親の戸籍に入っている娘が外国人と結婚するときは、娘の新戸籍が編製されます。外国人の夫は日本国籍がないため戸籍に記載されませんが、娘の身分事項欄に外国人の○○と婚姻したと記載されます。

③筆頭者・配偶者以外の者が、同一の氏を称する子または養子を有するにいたったとき（戸籍法17条）……たとえば、父親の戸籍に入っている娘が事実婚等で（結婚せずに）子供を生んだ場合、三代戸籍禁止の原則により父親（筆頭者）の戸籍から抜けて新しい戸籍を編製しなくてはなりません。

④離婚・離縁により、婚姻・縁組前の氏に復する場合に復籍すべき戸籍が消除されて除籍されたとき、または新戸籍編製の申出があったとき（戸籍法19条１項）……離婚した子が親の戸籍に戻ろうとした際に、親がすでに死亡し兄弟も結婚で除籍されて全員除籍となり戸籍が消除されているような場合は、新たに戸籍が編製されます。親が存命で戸籍がある場合も、離婚した子の希望により新戸籍を編製することができます。

⑤離婚・離縁後、婚姻時に称していた氏を称する旨の届出が離婚後（離縁後）３ヵ月以内にあった場合（その者が筆頭者でないか筆頭者でも他に在籍者があるとき）（戸籍法19条３項）……離婚により婚姻前の氏に戻った場合に、やはり婚姻時の氏のほうが社会的・経済的に都合がよいようなときは、離婚して３ヵ月以内なら家庭裁判所の許可なく届出により新戸籍を編製のうえ、氏を婚姻時の氏に変更できます。

⑥分籍の届出があったとき（戸籍法21条２項）

以上の６事項はたまに見かけることがありますので、覚えておきましょう。

その他にまれですが、以下の事項も編製原因とされています。

⑦配偶者のある者が縁組、離縁などにより氏を改めたとき（戸籍法20条）

⑧外国人と婚姻した者が、外国人の配偶者の氏に変更する届出があった場合、あるいはその者が離婚して元の氏に変更する届出があった場合で、同籍者の子が他にあるとき（戸籍法20条の２第１項）

⑨父または母が外国人である場合で、筆頭者またはその配偶者でない子が外国人である父または母の氏に変更する届出があるとき（戸籍法20条の２第２項）

⑩特別養子縁組の届出があったとき（戸籍法20条の３）

⑪性別の取扱いの変更（性同一性障害者）がなされたとき（戸籍法20条の４）

⑫帰化（戸籍法102条の２）……外国人が法務大臣の許可を得て日本国籍を取得した場合、新たに戸籍が編製され、身分事項欄に「帰化」と記載されます。

6 | 転籍の記載があった場合の注意点

Q 転籍と記載がある場合、どのような点に注意が必要でしょうか？

A 転籍とは本籍地の変更のことです。市区町村の異なる場所へ転籍を行った場合、一定の記載事項は移記されないため、戸籍の内容を調べる場合は転籍前の戸籍も確認しなければなりません。同一市区町村内の管内転籍と、他へ出て行く管外転籍があります。

■ 転籍は管外転籍に要注意

転籍とは本籍地の変更ですが、本籍地の変更はどこへでも（たとえば皇居・富士山山頂（山頂郵便局の住所）など）自由に行うことができます。この転籍について、戸籍法には次のように記載されています。「転籍をしようとするときは、新本籍を届書に記載して、戸籍の筆頭に記載した者及びその配偶者が、その旨を届け出なければならない」（戸籍法108条1項）

同一市区町村内の転籍を**管内転籍**といい、他の市区町村に出て行く転籍を**管外転籍**といいます。管内転籍は新戸籍を編製せず、本籍地を修正するだけですから、戸籍調査上も特段問題は発生しません。【図表3-11】は山田太郎さんが管内転籍をした事例です。現在の本籍は「千葉県印西市○○○一丁目6番地」ですが、従前の記録を見ると、同市内の「○○○四丁目8番地」から本籍地を移してきたことがわかります。新戸籍は編製されていませんのでさかのぼる必要はありません。

問題となるのは管外転籍です。戸籍法には「他の市町村に転籍をする場合には、戸籍の謄本を届書に添附しなければならない」とされています（戸籍法108条2項）。

【図表3-12】を見てみると、山田太郎さんの本籍地は千葉県印西市ですが、戸籍事項欄には転籍と記載があり、従前の本籍として東京都新宿区霞ヶ丘三丁目1番地と記載されています。このことから、平成18年に東京都新宿区から千葉県印西市へと本籍地が移ったことがわかります。もちろん、東京から千葉ですから管外転籍です。印西市の戸籍は転籍により新たに編製されたものですから、山田太郎さんの過去を調べるためには従前本籍の新宿区役所から旧戸籍（除籍）を取り寄せる必要があります。新宿区役所から取り寄せた旧戸籍（除籍）の例が【図表3-13】になります。

■ 転籍で消えること残ること

転籍を含む新戸籍編製において、新戸籍に引き継がれる事項は次の9項目です（戸籍法施

【図表3-11】 管内転籍の例

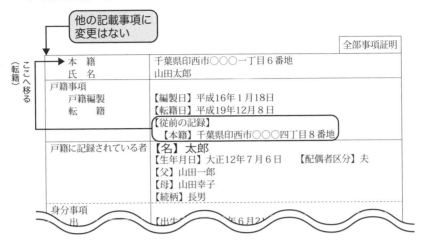

他の記載事項に変更はない

全部事項証明

〈転籍〉 ここへ移る

本 籍	千葉県印西市○○○一丁目6番地
氏 名	山田太郎
戸籍事項	
戸籍編製	【編製日】平成16年1月18日
転 籍	【転籍日】平成19年12月8日
	【従前の記録】
	【本籍】千葉県印西市○○○四丁目8番地
戸籍に記録されている者	【名】太郎
	【生年月日】大正12年7月6日　【配偶者区分】夫
	【父】山田一郎
	【母】山田幸子
	【続柄】長男
身分事項	
出	【出生　　　　年6月2日

【図表3-12】 管外転籍の例

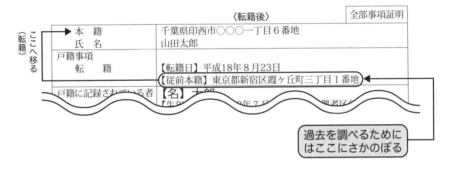

〈転籍後〉　　全部事項証明

〈転籍〉 ここへ移る

本 籍	千葉県印西市○○○一丁目6番地
氏 名	山田太郎
戸籍事項	
転 籍	【転籍日】平成18年8月23日
	【従前本籍】東京都新宿区霞ヶ丘町三丁目1番地
戸籍に記録されている者	【名】太郎

過去を調べるためにはここにさかのぼる

【図表3-13】 旧戸籍（除籍）の例（【図表3-12】の転籍前の戸籍）

除 籍	〈転籍前〉　　全部事項証明
本 籍	東京都新宿区霞ヶ丘町三丁目1番地
氏 名	山田太郎
戸籍事項	
戸籍編製	【編製日】平成16年1月18日
転 籍	【転籍日】平成18年8月23日
	【新本籍】千葉県印西市○○○一丁目6番地
	【送付を受けた日】平成18年8月25日
	【受理者】千葉県印西市長
戸籍に記録されている者	【名】太郎

行規則39条）。その背景（基本的な考え方）には、現在有効な事項だけを新しい戸籍に引き継げばよいという思想があります。たとえば、新戸籍において離婚歴が戸籍の表記から消えるというのは有名な話です。

①出生に関する事項

②嫡出でない子について、認知に関する事項

③養子について、現に養親子関係の継続するその養子縁組に関する事項

④夫婦について、現に婚姻関係の継続するその婚姻に関する事項および配偶者の国籍に関する事項

⑤現に未成年者である者についての親権または未成年者の後見に関する事項

⑥推定相続人の廃除に関する事項でその取消しのないもの

⑦日本の国籍の選択の宣言または外国の国籍の喪失に関する事項

⑧名の変更に関する事項

⑨性別の取扱いの変更に関する事項

7 | 電子化前の戸籍の転籍の注意点

Q 改製原戸籍等の縦書戸籍（昭和23年式等）の転籍はどのようにさかのぼればよいでしょうか？

A 縦書戸籍（昭和23年式）には転籍日と転籍前の本籍の記載があるので、転籍前の本籍地の役所で転籍前の戸籍（除籍）を取り寄せます。大正4年式には過去の転籍がすべて記載されています。

■ 縦書戸籍（昭和23年式）の転籍

　電子化前の縦書戸籍（昭和23年式）では、転籍先である新戸籍の本籍欄には、筆頭者およびその配偶者から届出のあった新しい本籍が記載されます。戸籍事項欄には、①いつ転籍してきたか、②どこから転籍してきたか、が記載されます。【図表3-14】の戸籍を見ると、山田太郎さんは、①平成18年8月23日に、②東京都新宿区から千葉県印西市に転籍してき

【図表3-14】転籍後の戸籍

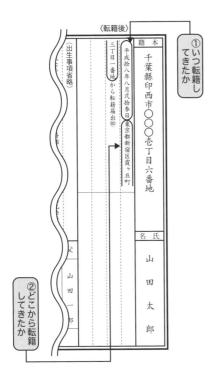

【図表3-15】転籍前の戸籍

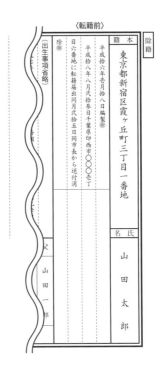

たことがわかります。この場合に、山田太郎さんの過去を調べるためには、新宿区役所から旧戸籍（除籍）を取り寄せなければなりません。

　取り寄せた転籍前の戸籍（除籍）には【図表3-15】のように記載されており、千葉県印西市に転籍されて戸籍が消除され除籍となったことがわかります。前記の【図表3-12】・【図表3-13】（横書）と【図表3-14】・【図表3-15】（縦書）は同じ内容の戸籍ですが、電子化戸籍と縦書戸籍では表記に違いがある点に留意してください。

■ 大正４年式（旧法戸籍）の転籍

　昭和23年式（縦書戸籍）も平成６年式（電子化戸籍）も、転籍の年月日と転籍前の本籍地がわかる記載となっていますが、あくまでも１回の転籍が記載されるのみで、過去の転籍を調べるためには順番に１つずつさかのぼって調査するしかありません。ところが大正４年式（旧法戸籍）は、過去の戸籍編製事項および転籍事項がすべて記載されています（【図表3-16】参照）。旧法戸籍の時代は、従前戸籍に記載されていた事項について、婚姻などにより除籍となった人に関する事項以外はすべて移記する取扱いとなっていたからです。このように旧法戸籍（大正４年式）では１つの戸籍に数回の転籍が記載されている場合があります。ただし、この場合も相続調査がこの戸籍だけで済むわけではなく、たとえば【図表3-16】の例では、日本橋区→芝区→浅草区→京橋区とさかのぼらなくては、本当に除籍された子供がいなかったのかどうかの確認ができません（除籍された子は移記されないためです）。

【図表３-16】旧法戸籍（大正４年式）の転籍

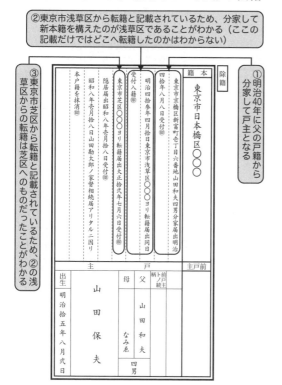

②東京市浅草区から転籍と記載されているため、分家して新本籍を構えたのが浅草区であることがわかる（ここの記載だけではどこへ転籍したのかはわからない）

③東京市芝区からの転籍は芝区へのものだったことがわかる

①明治40年に父の戸籍から分家して戸主となる

8 | 相続手続に必要な戸籍

Q 預金者の相続が発生した場合に、どこまで（何歳から）死亡した預金者の戸籍は必要ですか？ また、戸籍はどのようにさかのぼればよいですか？

A 預金者の出生から死亡までのすべての戸籍が必要ですが、子が（これ以上）いないことの確認のためには10歳〜15歳くらいまでさかのぼれば十分です。手順としては、死亡の記載のある現在の戸籍から、「改製」「編製」「転籍」の記載（原因）を確認しながら従前戸籍・改製原戸籍を順番にさかのぼっていきます（本書57頁も参照してください）。

【図表3-17】現在の戸籍（平成6年式）

		全部事項証明
本　籍 氏　名	東京都世田谷区○○○ 山田太郎	
戸籍事項 　戸籍改製	【改製日】平成18年1月18日 【改製事由】平成6年法務省令第51号附則第2条第1項による改製	
戸籍に記録されている者	【名】太郎	
	除　籍	
	【生年月日】昭和7年9月17日 【父】山田一郎 【母】山田秋子 【続柄】長男	
身分事項 　出　生	【出生日】昭和7年9月17日 【出生地】東京都世田谷区 【届出日】昭和7年9月21日 【届出人】父	
婚　姻	【婚姻日】昭和40年4月10日 【配偶者氏名】高橋春子 【従前戸籍】東京都世田谷区○○○　山田一郎	
死　亡	【死亡日】平成24年8月18日 【死亡時分】午後3時30分 【死亡地】千葉県白井市 【届出日】平成24年8月20日 【届出人】親族　山田春子	
戸籍に記録されている者	【名】春子 【生年月日】昭和15年10月10日 【父】高橋一夫 【母】高橋久美子 【続柄】二女	
身分事項 　出　生 　婚　姻	（出生事項省略） 【婚姻日】昭和40年4月10日 【配偶者氏名】山田太郎 【従前戸籍】千葉県松戸市○○○　高橋一夫	
配偶者の死亡	【配偶者の死亡日】平成24年8月18日	

最新の平成6年式（電子化）戸籍では、婚姻、死亡等で除籍されると×印でなく除籍と表示される

■ 相続手続に必要な戸籍

　預金者の相続が発生した場合、第一に亡くなった預金者の現在戸籍により 除籍 の記載があること（死亡の事実）を確認します。次に法定相続人の確認をするためには、被相続人の生まれたときから死亡するまでの戸籍が必要になります。戸籍をさかのぼるのは子どもの有無を確認するためですから、10歳〜15歳くらいまでさかのぼれば事実上は問題ありません。しかし、直系尊属または兄弟姉妹が法定相続人である場合は生前まで（両親の戸籍まで）さかのぼる必要があります。

■ 戸籍のさかのぼり方（さかのぼり方の基礎は本書57頁を参照）

　山田太郎さんの事例を使って戸籍をさかのぼってみましょう。

(1)　現在の戸籍（平成6年式）（【図表3-17】参照）

　預金者が死亡した場合は、まず現在の戸籍を確認します。現在の戸籍には亡くなった方（事例では山田太郎さん）の名前の左側に必ず 除籍 という記載があります。除籍の原因を身分事項欄で確認すると平成24年8月18日に死亡したことがわかります。この戸籍には死亡した山田太郎さん以外には妻の山田春子さんしか記載がありませんので、子どもがいないように感じますが、前の戸籍で除籍された子はこの戸籍に記載されていないため必ずこの戸籍の前の戸籍（改製原戸籍）の確認が必要です。この戸籍の戸籍事項欄には「戸籍改製」と書かれていることから、平成6年の法務省令の改製で平成18年に改製されて新しく編製され

【図表3-18】改製原戸籍（昭和23年式）

改製原戸籍	平成六年法務省令第五十一号附則第二条第一項による改製につき平成拾八年壱月拾八日消除㊞（従前戸籍が記載されている）
本籍	東京都世田谷区○○○
氏名	山田太郎

山田一郎戸籍から入籍㊞／昭和四拾年四月拾日高橋春子と婚姻届出東京都世田谷区○○○（出生事項省略）婚姻の届出により昭和四拾年四月拾日編製㊞

橋一夫戸籍から入籍㊞／昭和四拾年四月拾日山田太郎と婚姻届出千葉県松戸市○○○○高（出生事項省略）

昭和四拾年五月八日東京都世田谷区で出生同月九日父届出入籍㊞／平成参年五月五日菊池次郎と婚姻届出同月七日名古屋市中村区長から送付同区○○○に夫の氏の新戸籍編製につき除籍㊞（長から送付同区○○○に夫の氏の新戸籍編製につき除籍）

婚姻で除籍されている除籍者は新戸籍に移記されない

父	山田一郎	母	秋子	夫	太郎	長男	出生	昭和七年九月拾七日
父	高橋一夫	母	久美子	妻	春子	二女	出生	昭和拾五年拾月拾日
父	山田太郎	母	春子	冬子（×）		長女	出生	昭和四拾五年五月八日

た戸籍であることがわかります。「改製」の場合は必ず「改製原戸籍」があるため改製原戸籍にさかのぼります。

⑵ 改製原戸籍（昭和23年式）（【図表3−18】参照）

　山田太郎さんの改製原戸籍を取り寄せてみると、長女の冬子さんがいることがわかりました。このように、改製や転籍で新しい戸籍を編製する場合は、除籍された者が新しい戸籍に載ってこないので注意が必要です。長女の冬子さんは平成３年に婚姻して父親である山田太郎さんの戸籍から除籍されていますので、改製の際に新戸籍に移記されませんでした。

　次に本籍地の左の枠の中（戸籍事項欄）を見ると、この改製原戸籍はもともと山田太郎さんと春子さんの婚姻により昭和40年に新しくできたものであったことがわかります。婚姻の場合は太郎さんの名前の上にある身分事項欄に婚姻の記載があるので必ず確認します。なぜなら、婚姻によりどこの戸籍から入籍したのか（従前戸籍）が記載されているからです。身分事項欄には、山田太郎さんは昭和40年に山田一郎さんの戸籍から入籍したと書かれています（平成６年式では【従前戸籍】という記載があるのでよりわかりやすくなっています）。そこで従前戸籍（山田一郎さんの戸籍）にさかのぼります。

⑶ 従前戸籍（婚姻前の戸籍（昭和23年式））（【図表3−19】参照）

　山田太郎さんの婚姻前の従前戸籍を取り寄せると、筆頭者が父親の山田一郎さんである戸籍を取得できました。この戸籍によると、山田一郎さんと母親の秋子さんとの間の長男とし

【図表3−19】婚姻前の戸籍（昭和23年式）

昭和34年の改製で昭和36年に編製されたことがわかる〜本書61頁【図表3−8】参照

全員が除籍されたので除籍となっている

本籍　東京都世田谷区○○○

氏名　山田一郎

昭和参拾弐年法務省令第弐拾七号により昭和参拾四年四月弐拾参日改製につき昭和参拾六年六月拾五日本戸籍編製㊞

全員除籍により昭和五拾弐年弐月拾五日消除㊞

（省略）

昭和五拾年九月四日午後八時拾分東京都世田谷区で死亡同月五日親族山田太郎届出除籍㊞

夫　父　山田和夫　母　まさゑ　長男　一郎　出生　明治参拾参年参月参日

（省略）

昭和五拾弐年弐月壱日午後六時拾五分東京都世田谷区で死亡同月五日親族山田太郎届出除籍㊞

妻　父　花岡秋太　母　ツユ　二女　秋子　出生　明治四拾年四月四日

昭和七年九月拾七日本籍で出生父山田一郎届出同月弐拾日受付

昭和四拾年四月拾日高橋春子と婚姻届出東京都世田谷区○○○に夫の氏の新戸籍編製につき除籍㊞

父　山田一郎　母　秋子　長男　太郎　出生　昭和七年九月拾七日

除籍

て昭和７年に生まれています。この戸籍を見ると、昭和40年に太郎さんが結婚して除籍され、昭和45年に一郎さんが死亡して除籍され、さらに昭和52年には秋子さんも死亡して除籍されたため、全員が除籍されて「除籍」となっています。

この戸籍は戸籍事項欄を見ると、昭和36年に新しく編製されたことがわかります。このことから、太郎さんが29歳の頃から結婚するまで（昭和36年から昭和40年の間）は子どもがいなかった（認知がなかった）ことがわかります。ただし、29歳以前に子どもがいなかったとは100％断定できないため、さらに前の戸籍（大正４年式）にさかのぼらなければなりません。この戸籍には「昭和34年改製」、「昭和36年編製」と記載されていることから、昭和36年以前の戸籍は改製原戸籍となっているはずです。

⑷　従前戸籍（除籍）のさらに改製原戸籍（大正４年式）（【図表３-20】参照）

山田一郎さんの除籍の改製原戸籍を取り寄せます（【図表３-20】参照）。この改製原戸籍は大正４年式の古い戸籍です。この戸籍の山田太郎さんの身分事項欄を見ると、出生の記載しかありませんので、ここではじめて太郎さんは結婚前に子どもをもうけたことがなかった（認知したことがなかった）ことがわかります。

ちなみに、一郎さんの身分事項欄に昭和34年改製とあるのは、この古い戸籍を昭和34年に新しい戸籍に改製があったものとみなすという意味です（簡易改製）。しかし古いままにしておくわけにもいかないので、昭和36年に新様式の戸籍に編製替えがされました（任意

【図表３-20】婚姻前の戸籍の改製原戸籍（大正４年式）

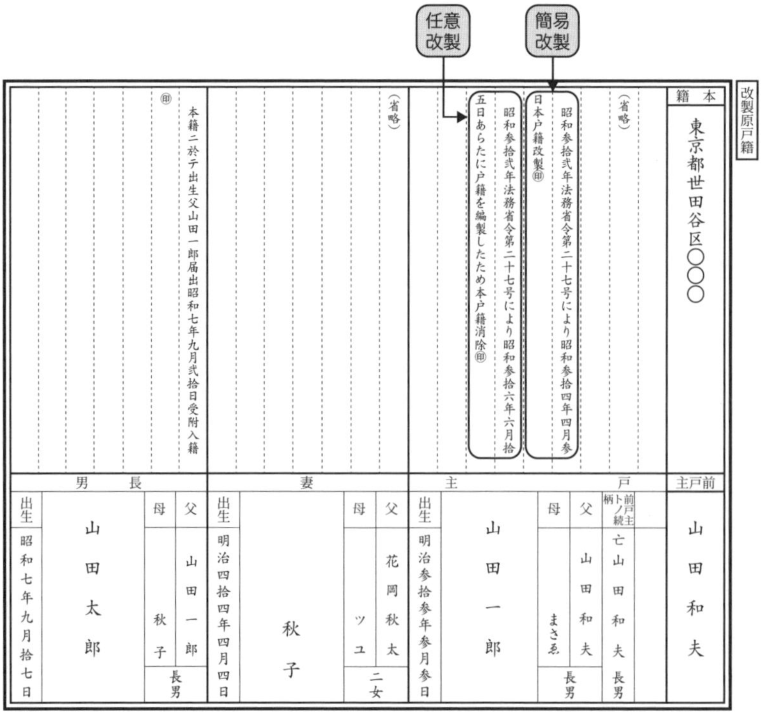
改製原戸籍
本籍　東京都世田谷区○○○
（省略）
昭和参拾弐年法務省令第二十七号により昭和参拾四年四月参日本戸籍改製㊞
昭和参拾弐年法務省令第二十七号により昭和参拾六年六月拾五日あらたに戸籍を編製したため本戸籍消除㊞
（省略）
本籍ニ於テ出生父山田一郎届出昭和七年九月弐拾日受附入籍
㊞

前戸主	戸主	妻	長男
山田和夫	前戸主トノ続柄：亡山田和夫長男 父：山田和夫 母：まさゑ 長男 山田一郎 出生：明治参拾参年参月参日	父：花岡秋太 母：ツユ 二女 秋子 出生：明治四拾四年四月四日	父：山田一郎 母：秋子 長男 山田太郎 出生：昭和七年九月拾七日

改製。簡易改製・任意改製については本書62頁参照)。

⑸　まとめ

　現在の戸籍の改製原戸籍（【図表3-18】）を確認して山田太郎さんには冬子さんというお子さんが1人いたことがわかりました。さらに父親の戸籍の改製原戸籍（【図表3-20】）までさかのぼることで、山田太郎さんには冬子さん以外にお子さんがいなかったことがわかりました。

　このように、亡くなった方の生まれたところまで戸籍をさかのぼり、子どもの有無（子どもが(これ以上)いないこと)を確定することが相続手続における戸籍調査の基本になります。

法定相続人の調べ方

1 | 配偶者の記載

Q 配偶者は戸籍にどのように記載されますか？　配偶者が外国人の場合はどうですか？

A 配偶者は筆頭者の次に記載されます。配偶者が外国人の場合、日本人同士の婚姻とは違い、外国人配偶者について身分事項等の詳しい表記はされず、相手の名前は婚姻記載事項の中に記録されるのみです。ただし、外国人との結婚でも婚姻すれば両親の戸籍を出て、婚姻による新戸籍を編製します。

■ 婚姻と戸籍

　男女２人の婚姻の意思の合致があれば婚姻届を提出することで婚姻することができます（ただし、婚姻届には証人が２人必要）。婚姻届の中で男女どちらの氏を称するのかを選択し、氏を称する側が戸籍の筆頭者になります。婚姻届を提出すると、原則として夫婦の新戸籍が編製されますが（一夫婦一戸籍の原則）、婚姻前に自らが筆頭者となっている人がその氏を称する形で婚姻する場合には、その戸籍に配偶者が入籍するため、新戸籍は編製されません。戸籍の記載順序（戸籍法14条）は、①氏を称する者②配偶者③子（出生の順）となります。ただし、戸籍を編製した後にその戸籍に入るべき原因が生じた者については戸籍の末尾に記載されることになっています。【図表４−１】は、甲野義太郎さんが婚姻によって新たに戸籍を編製した戸籍例です。なお、婚姻後転籍をしていますが、管内転籍であるため（本書66頁参照）、この転籍により新戸籍は編製されません。

■ 配偶者が外国人である場合

　婚姻の相手が外国人（日本国籍を持っていない人）である場合は、その配偶者が戸籍に入ることはありません。ただし、婚姻の届出は可能で、その場合、単独で新戸籍が編製され、身分事項欄に配偶者の名前が記載されます。【図表４−２】は外国人との婚姻により父親の戸籍から新たに戸籍を作った例です。もともとの筆頭者が外国人と婚姻する場合は新しい戸籍は編製されず、身分事項欄に婚姻の事実が記載されるだけです。なお、外国人と結婚した場合は、婚姻の日から６ヵ月以内に氏の変更届を出せば、戸籍上外国人の氏に変更することもできます。先ほどの例では「山田花子」が「スミス花子」に変わります。また、花子さんが死亡した場合に、外国人の夫マイケルさんには日本の民法に基づいて相続権が発生します（法の適用に関する通則法36条）。その際、相続手続においては、マイケルさんの実印か、実印がなければサイン証明書付のサインが必要になります。

【図表4-1】婚姻による戸籍の編製

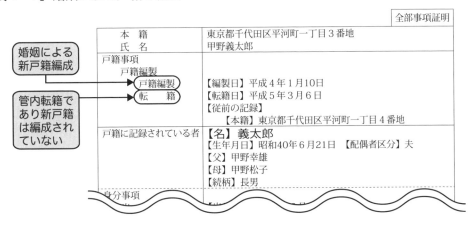

<table>
<tr><td colspan="2" align="right">全部事項証明</td></tr>
<tr><td>本　籍</td><td>東京都千代田区平河町一丁目3番地</td></tr>
<tr><td>氏　名</td><td>甲野義太郎</td></tr>
<tr><td>戸籍事項
　戸籍編製
　　戸籍編製
　　転　籍</td><td>【編製日】平成4年1月10日
【転籍日】平成5年3月6日
【従前の記録】
　【本籍】東京都千代田区平河町一丁目4番地</td></tr>
<tr><td>戸籍に記録されている者</td><td>【名】義太郎
【生年月日】昭和40年6月21日　【配偶者区分】夫
【父】甲野幸雄
【母】甲野松子
【続柄】長男</td></tr>
<tr><td>身分事項</td><td></td></tr>
</table>

・婚姻による新戸籍編成 → 戸籍編製
・管内転籍であり新戸籍は編成されていない → 転籍

【図表4-2】外国人と結婚した場合の戸籍の記載例

<table>
<tr><td colspan="2" align="right">全部事項証明</td></tr>
<tr><td>本　籍</td><td>山口県宇部市○○○一丁目六番地</td></tr>
<tr><td>氏　名</td><td>山田花子</td></tr>
<tr><td>戸籍事項
　戸籍編製</td><td>【編製日】平成25年12月25日</td></tr>
<tr><td>戸籍に記録されている者</td><td>【名】花子
【生年月日】昭和62年12月8日　【配偶者区分】妻
【父】山田次郎
【母】山田あやか
【続柄】長女</td></tr>
<tr><td>身分事項
　出　生

　婚　姻</td><td>【出生日】昭和62年12月8日
【出生地】山口県宇部市
【届出日】昭和62年12月10日
【届出人】父
【婚姻日】平成25年12月25日
【配偶者氏名】スミス・マイケル
【配偶者の国籍】アメリカ合衆国
【配偶者の生年月日】西暦1985年5月21日
【従前戸籍】山口県宇部市○○○一丁目6番地　山田次郎</td></tr>
</table>

・外国人の配偶者の記載はこれだけ →【配偶者氏名】スミス・マイケル【配偶者の国籍】アメリカ合衆国【配偶者の生年月日】西暦1985年5月21日

2 | 離婚した場合の配偶者と子どもの記載

Q 離婚すると戸籍にどのように記載されますか？　また、子どもがいた場合はどうなりますか？

A 離婚すると配偶者は除籍され、婚姻前の戸籍に復籍するか、新しく単独戸籍を作りますが、筆頭者はそのままです。子どもは原則として筆頭者の戸籍に残ります。子どもが元配偶者の旧姓を称するときは、家庭裁判所の許可を得たうえで元配偶者の戸籍に入籍します。

■ 離婚した場合の本人の記載

　離婚すると配偶者は除籍されます。電子化前の縦書の戸籍例（【図表4-3】参照）を見てみると、配偶者の名前が×印で消されています。離婚のことをいわゆる「バツイチ」というのはここからきています。除籍された配偶者は、その後、婚姻前の戸籍に戻り復籍する場合（【図表4-4】参照）と自分だけの新戸籍を作る場合（【図表4-5】参照）があります。筆頭者はそのまま残りますが、離婚についての記載が残るため、離婚した時点の戸籍を見れば双方ともに離婚した事実が判明します。

　ところが相続調査をしていると、離婚があっても現戸籍に記載されていない例が多数あります。これは離婚が記載された戸籍から後に新しい戸籍が編製された場合は、離婚の記載が移記されないためです。戸籍の改製・編製・転籍等により新戸籍が編製された場合にこのようなことが起こります。たとえば、鈴木花子さんがいったん復籍（【図表4-4】参照）した後、単独で分籍すると【図表4-6】の戸籍ができます（電子化後に分籍した場合）。この戸籍にはどこにも離婚の記載がありません。

■ 離婚の際に子どもがいた場合の記載

　預金者が死亡した場合に、過去に離婚歴があったとしても、別れた元配偶者は相続人ではありませんから無視して問題ありません。ところが離婚前に子どもがいた場合、その子どもは相続人になりますので、離婚により子どもが戸籍の中でどのように記載されているかを知っておく必要があります。

　離婚した場合に夫婦に子どもがいた場合、子どもは筆頭者である側の戸籍に残ります。子どもが未成年の場合はどちらかを親権者として定めますが、親権者の側に戸籍が移るのではなく、あくまでも筆頭者のところに残ります。未成年の子どもがいる離婚の場合、母親が親

【図表4-3】離婚のあった戸籍例

籍　本　東京都世田谷区経堂一丁目○○番地

氏　名　山　田　太　郎

平成六年六月六日編製㊞

（出生事項省略）
平成六年六月六日鈴木花子と婚姻届出東京都世田谷区経堂一丁目○○番地山田和夫戸籍から入籍㊞
平成八年八月八日妻花子と協議離婚届出㊞

（出生事項省略）
平成六年六月六日山田太郎と婚姻届出千葉縣印西市戸神台一丁目○○番地鈴木一郎戸籍から入籍㊞
平成八年八月八日夫太郎と協議離婚届出千葉縣印西市戸神台一丁目○○番地鈴木一郎戸籍に入籍につき除籍㊞

	妻	母	父		夫	母	父
出生 昭和四拾八年八月拾五日	花子	鈴木良子 長女	鈴木一郎	出生 昭和四拾五年五月五日	太郎	山田まき系 長男	山田和夫

【図表4-4】離婚後復籍した戸籍例

離婚で復籍した

婚姻で除籍した

籍　本　千葉縣印西市戸神台一丁目○○番地

氏　名　鈴　木　一　郎

婚姻の届出により昭和四拾四年六月六日編製㊞

（婚姻事項省略）
（出生事項省略）

（婚姻事項省略）

（出生事項省略）

除籍㊞
（出生事項省略）
平成六年六月六日山田太郎と婚姻届出同月拾日東京都世田谷区長から送付同区経堂一丁目○○番地に夫の氏の新戸籍編製につき

籍㊞
（出生事項省略）
平成八年八月八日夫山田太郎と協議離婚届出同月拾五日東京都世田谷区長から送付同区経堂一丁目○○番地山田太郎戸籍から入

	母	父	出生 昭和四拾八年八月拾五日	母	父	出生 昭和武拾年六月六日	母	父	出生 昭和拾八年拾月拾日	母	父
出生 昭和四拾八年八月拾五日 花子	鈴木良子 長女	鈴木一郎	花子	鈴木良子 長女	鈴木一郎	良子	板東貞子 長女	板東太助	一郎	鈴木佳子 長男	鈴木一助

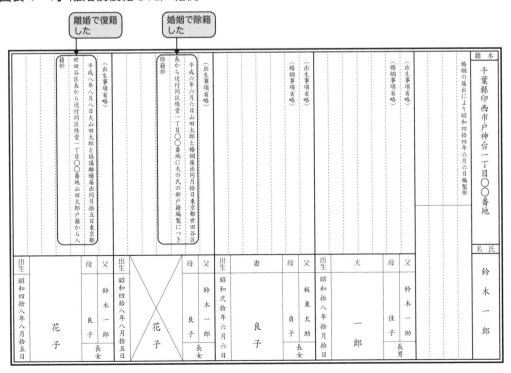

権者になるケースが全体の80％程度と圧倒的に多いのですが、一方で筆頭者は父親であることが多いため、親権者である母親が子どもを連れて出てしまったとしても、子どもは父親の戸籍に残ったままであることがあります。この状態で母親について相続が発生すると、子どもの存在を見落とすことがあるので注意が必要です。

　子どもを母親側の新戸籍に移すためには、家庭裁判所の審判を申し立てたうえで「子の氏の変更許可」を得て、「母の氏を称する入籍届」を役所に提出しなくてはなりません。こうしてはじめて母親の戸籍に入ることができます（【図表4-7】参照）。こうなると逆に、父親について相続が発生したときに子どもの見落としがありうるので注意が必要です（子の除籍後戸籍の新規編製があった場合等）。

【図表4-5】離婚後新戸籍を作った場合

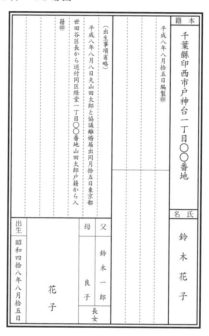

【図表4-6】復籍した後、単独で分籍した戸籍例

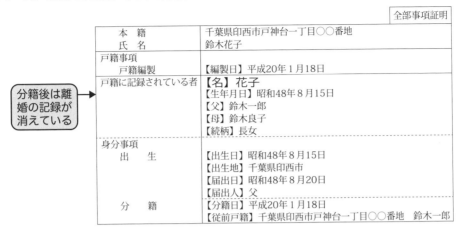

全部事項証明

本　籍	千葉県印西市戸神台一丁目○○番地
氏　名	鈴木花子
戸籍事項 戸籍編製	【編製日】平成20年1月18日
戸籍に記録されている者	【名】花子 【生年月日】昭和48年8月15日 【父】鈴木一郎 【母】鈴木良子 【続柄】長女
身分事項 出　生	【出生日】昭和48年8月15日 【出生地】千葉県印西市 【届出日】昭和48年8月20日 【届出人】父
分　籍	【分籍日】平成20年1月18日 【従前戸籍】千葉県印西市戸神台一丁目○○番地　鈴木一郎

分籍後は離婚の記録が消えている

【図表4-7】子どもを母親の戸籍に移した戸籍例

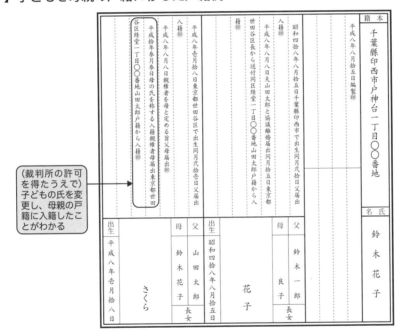

（裁判所の許可を得たうえで）子どもの氏を変更し、母親の戸籍に入籍したことがわかる

3 子どもがいる場合の戸籍の記載

Q 子どもは戸籍にどのように記載されますか？

A 子どもは生まれた順番に両親の戸籍に入ります。養子は縁組日の順番で養親の戸籍に入ります。婚外子の場合、祖父母の戸籍に孫は入れないため（三代戸籍禁止の原則）、母親が両親（祖父母）の戸籍から独立したうえで、分籍した母親の戸籍に入ることになります。

■ 子どもの種類

　子どもには実子と養子があり、さらに実子は嫡出子と婚外子に分けられ、養子は普通養子と特別養子に分けられます。それぞれの意義・特徴は次のとおりです（【図表4-8】参照）。

　いずれの子も法定相続人であり、相続手続においてはこれらの子を戸籍により確認します。戸籍調査が難しいといわれるのは、亡くなった預金者等にこれらの子がいなかったことの事実確認を戸籍により行わなくてはならないからです。子どもが本当にいなかったのかどうかの確認をするためには、亡くなった預金者等の戸籍を生まれたところから（実際には子をもうけることができる年齢に達したところから）調べなければなりません。

【図表4-8】子どもの種類

実子	嫡出子	・婚姻している男女から生まれた子
	婚外子	・婚姻していない男女から生まれた子（相続分については嫡出子と平等（最高裁大法廷平成25年9月4日決定）） ・嫡出子とは「認知」等戸籍の記載事項が異なるので要注意
養子	（普通）養子	・養子縁組手続により、養親との間で法定の嫡出子としての身分を取得した子
	特別養子	・実父母との関係を終了させる養子（縁組の届出ではなく家庭裁判所の審判で縁組成立） ・養親との間は法定の嫡出子としての身分を取得

【図表4-9】婚姻関係のある男女間の子

	全部事項証明
本　　籍 氏　　名	千葉県印西市○○○一丁目6番地 山田太郎
戸籍事項 　戸籍改製	【改製日】平成16年1月18日 【改製事由】平成6年法務省令第51号附則第2条第1項による改製
戸籍に記録されている者	【名】太郎 【生年月日】大正12年7月6日　【配偶者区分】夫 【父】山田一郎 【母】山田幸子 【続柄】長男
身分事項 　　出　　生 　　婚　　姻	【出生日】大正12年7月6日 【出生地】長野県茅野市 【届出日】大正12年7月12日 【届出人】父 【婚姻日】昭和29年12月5日 【配偶者氏名】鈴木花子 【従前戸籍】長野県茅野市○○町10番地　山田一郎
戸籍に記録されている者	【名】花子 【生年月日】昭和7年9月17日　【配偶者区分】妻 【父】鈴木六助 【母】鈴木小雪 【続柄】長女
身分事項 　　出　　生 　　婚　　姻	【出生日】昭和7年9月17日 【出生地】新潟県柏崎市白井 【届出日】昭和7年9月18日 【届出人】父 【婚姻日】昭和29年12月5日 【配偶者氏名】山田太郎 【従前戸籍】東京都町田市○○一丁目8番地　鈴木六助
戸籍に記録されている者	【名】次郎 【生年月日】昭和40年6月21日 【父】山田太郎 【母】山田花子 【続柄】長男
身分事項 　　出　　生	【出生日】昭和40年6月21日 【出生地】愛知県名古屋市中村区 【届出日】昭和40年6月25日 【届出人】父
戸籍に記録されている者	【名】さくら 【生年月日】昭和44年4月20日 【父】山田太郎 【母】山田花子 【続柄】長女
身分事項 　　出　　生	【出生日】昭和44年4月20日 【出生地】愛知県名古屋市中村区 【届出日】昭和44年4月24日 【届出人】父

生まれた順番に記録される

■ 子どもは戸籍にどのように記載されるか

　婚姻している男女の間に生まれた子は、その父母の戸籍内に出生順に記載されていきます。続柄も「長男」「二男」「三男」・「長女」「二女」「三女」というように順番に記載されます（【図表4-9】参照）。父母の戸籍に入った子は除籍されるまで父母の戸籍に在籍しています

が、多くの場合、父母が死ぬまでの間に子は婚姻・分籍等により除籍されているため、除籍された子がいないかどうかを調べることが相続手続の重要なポイントです。

■ 婚姻関係のない男女間の子

　婚姻している男女の間に生まれた子は嫡出子として夫婦の戸籍に生まれた順に記載されていきますが、婚姻していない男女の間に生まれた子は婚外子として母親の氏を名乗り（民法790条2項）、母親の戸籍に入ることになります（戸籍法18条2項）。その際、父親が認知するまでは、相手の父親欄は空欄です。母親となった女性が親の戸籍に入っている場合、三代戸籍禁止の原則があるため（戸籍法17条）、子どもを生んだ後は必ず分籍して、自分が筆頭者となる戸籍を編製し、その戸籍に子どもを記載する形になります（【図表4-10】参照）。ただし父親が認知をして父親の姓を称する場合は、家庭裁判所の許可を得たうえで父親の戸籍に入ることもあります（民法791条）。

■ 子どもが生まれて新しく戸籍を編製する場合

　夫婦に子どもが生まれた場合、旧戸籍法でも現行戸籍法でも、その出生を原因として新しく戸籍が編製されることはありません。しかし、例外的に子どもが生まれて新しく戸籍を編製する事由として、以下の2つの場合があります。

⑴　母が婚外子（第1子）を出生した場合

　未婚の娘は通常父母の戸籍に入っていますが、上記のとおり婚外子を出生すると、三代戸籍禁止の原則（戸籍法17条）により、娘は新しい戸籍を編製のうえ、子どもを戸籍に記載しなくてはなりません。

⑵　現行戸籍（昭和23年式）への改製作業中に出生した場合

　昭和23年に新戸籍法が施行され、10年間の猶予期間を経て、新しい戸籍へと改製の作業が行われました（本書60頁参照）。改製が完了されるまでの間、旧法戸籍であっても新法戸籍とみなされましたが、新法施行後は新法の規定による新戸籍編製原因が発生した場合、その規定に従った戸籍を編製しなければなりません。

　たとえば、昭和23年以前に結婚していた夫婦に、昭和23年から昭和36年頃の間に子どもが生まれた場合は、新しく戸籍が編製された例が多くあります。この場合、旧戸籍の父母の身分事項欄にはたとえば「子の出生届出昭和弐拾六年参月拾日受附東京都文京区西片町百番地に新戸籍編製につき除籍」のように記載され（本書107頁の「大正4年式「敏夫」の身分事項欄」参照）、新しく編製された戸籍事項欄には「出生の届出により昭和弐拾六年参月拾日父母につき本戸籍編製」と表記されます（【図表4-11】参照）。

【図表4-10】婚姻関係のない男女間の子

		全部事項証明
本　　籍 氏　　名	東京都世田谷区経堂○丁目○番地 山田はるか	
戸籍事項 　戸籍編製	【編製日】平成25年12月25日	
戸籍に記録されている者	【名】はるか 【生年月日】平成2年8月23日 【父】山田次郎 【母】山田あやか 【続柄】二女	
身分事項 　　出　　生	【出生日】平成2年8月23日 【出生地】東京都世田谷区 【届出日】平成2年8月26日 【届出人】父	
子の出生	【入籍日】平成25年12月25日 【入籍事由】子の出生届出 【従前戸籍】千葉県印西市○○一丁目6番地　山田次郎	
戸籍に記録されている者	【名】瑠奈 【生年月日】平成25年12月8日 【父】 【母】山田はるか 【続柄】長女	
身分事項 　　出　　生	【出生日】平成25年12月8日 【出生地】千葉県印西市 【届出日】平成25年12月20日 【届出人】母 【送付を受けた日】平成25年12月25日 【受理者】千葉県印西市長	

父親が認知をするまでは空白

平成16年10月以前は女または男としか記載されなかった。ただし平成16年11月以降の申出により「長女」等に修正されているものもある。

【図表4-11】子の出生による新戸籍の編製

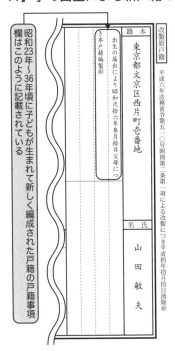

昭和23年〜36年頃に子どもが生まれて新しく編成された戸籍の戸籍事項欄はこのように記載されている

本　籍

東京都文京区西片町壱番地

き本戸籍編製㊞

出生の届出により昭和貳拾六年参月拾日父母につ

改製原戸籍

平成六年法務省令第五一〇号附則第二条第一項による改製につき平成拾年拾月拾日消除㊞

氏　名

山　田　敏　夫

4 | 婚外子の調査

婚外子はどのように調べればよいでしょうか？

Ⓐ 婚外子は母親の戸籍に入ります（母の氏を名乗ります）。父親が認知した後は、子ども側の戸籍だけでなく、認知をした父親の戸籍にもその旨が記載されます。したがって、認知した子どもがいるときは父親側の戸籍も調べれば必ず判明します。ただし、父親の認知事項は転籍等で移記されないため、戸籍調査では注意が必要です。

■ 婚外子と戸籍

　婚姻関係にない男女から生まれた子を「婚外子」といいます。少し前までは「非嫡出子」という言い方がされていましたが、「嫡出」は「正しい」という意味があり、「非嫡出」は「正しくない」と読めてしまうため、最近は婚外子という言葉が使われるようになっています。婚外子は母親の戸籍に入りますが（民法790条2項、戸籍法18条2項）、当然のことながら父親とも血縁上の親子関係は存在します。ところが法的には（戸籍上は）親子関係が存在しないため、父親が死亡した場合に相続権が発生しません。このようなことにならないために法的な親子関係を発生させるために必要な手続が「認知」です。婚外子は、父親が認知してはじめて父親からの相続権が発生します（認知の訴えも認められています（民法787条））。大正時代は10％近くが婚外子であったため、昔の戸籍を調査すると認知を多く目にすることがあります。昭和になって認知は減りましたが、最近になり非婚で産む選択をする女性が増えてきたため、必然的に認知件数も増えていくことが予想されます。婚外子の存在は父親の戸籍に認知の記載があればわかりますので、戸籍調査で認知の記載を見つけた場合は、認知した婚外子も相続手続の対象となることに注意が必要です。

■ 認知の種類

　認知には、父（または母）が自ら進んで戸籍上の届出をする任意認知（民法781条1項）と、子側から裁判所に訴えて行う強制認知（民法787条）があります。さらに遺言による認知も認められています（民法781条2項）。父または母死亡の日から3年を経過するまでは、検察官を相手方として認知の訴えを提起することができます（民法787条但書、人事訴訟法42条2項）。

　母親は分娩の事実により母子関係が当然に発生し、認知は必要でないと解されているため（最高裁昭和37年4月27日判決）、現在、認知は父子関係においてのみ問題となります。こ

【図表4-12】認知された戸籍（被認知者の戸籍）

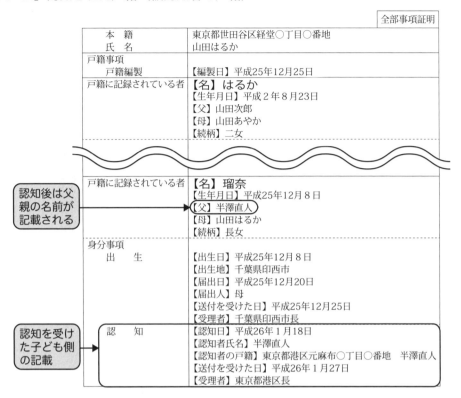

全部事項証明

本　籍	東京都世田谷区経堂○丁目○番地
氏　名	山田はるか
戸籍事項 戸籍編製	【編製日】平成25年12月25日
戸籍に記録されている者	【名】はるか
	【生年月日】平成2年8月23日
	【父】山田次郎
	【母】山田あやか
	【続柄】二女

認知後は父親の名前が記載される →

戸籍に記録されている者	【名】瑠奈
	【生年月日】平成25年12月8日
	【父】半澤直人
	【母】山田はるか
	【続柄】長女
身分事項 出　生	【出生日】平成25年12月8日
	【出生地】千葉県印西市
	【届出日】平成25年12月20日
	【届出人】母
	【送付を受けた日】平成25年12月25日
	【受理者】千葉県印西市長

認知を受けた子ども側の記載 →

認　知	【認知日】平成26年1月18日
	【認知者氏名】半澤直人
	【認知者の戸籍】東京都港区元麻布○丁目○番地　半澤直人
	【送付を受けた日】平成26年1月27日
	【受理者】東京都港区長

【図表4-13】認知した戸籍（認知者の戸籍）

全部事項証明

本　籍	東京都港区元麻布○丁目○番地
氏　名	半澤直人
戸籍事項 戸籍改製	【改製日】平成18年1月18日
	【改製事由】平成6年法務省令第51号附則第2条第1項による改製
戸籍に記録されている者	【名】直人
	【生年月日】昭和54年4月1日
	【父】半澤敬太
	【母】半澤美代子
	【続柄】二男
身分事項 出　生	【出生日】昭和54年4月1日
	【出生地】神奈川県茅ケ崎市
	【届出日】昭和54年4月4日
	【届出人】父

認知をした男性の身分事項欄にはこのように記載される →

認　知	【認知日】平成26年1月18日
	【認知した子の氏名】山田瑠奈
	【認知した子の戸籍】東京都世田谷区経堂○丁目○番地　山田はるか

れに対しては、捨て子の場合をどうするのか、さらに最近では代理出産の場合をどうするのかという批判があり、今後は母親による認知が認められるようになる可能性もあります。

■ 認知は戸籍にどのように記載されるか

　婚外子は、母の氏を称し母親の戸籍に入り（民法790条2項、戸籍法18条2項）、その後父親に認知されても、ただちに父親の戸籍に入ることはありません。また、母親が婚外子を産んで独立した戸籍を作った後、父親が認知をすると、認知の事実が子どもの身分事項欄に記載されます（【図表4-12】参照）。一方、認知をした父親側も自分が認知をした旨の記載が父親の身分事項欄に記載されます（【図表4-13】参照）。

　旧法では認知後は原則として父親の戸籍に入ることとされていましたので、大正4年式では認知した後は父親の戸籍に入っていますが、現行法では上記のとおり母親の戸籍に入ります。ただし、現行法でも認知後は家庭裁判所の許可を得て父親の氏を名乗ることができるため、父親の戸籍に入っている場合もあります（【図表4-14】参照）。

　子供側（被認知者）の戸籍に記載された認知事項は、転籍等戸籍の編製替え、あるいは婚姻等による新たな編製があった場合、新戸籍または他の戸籍にこれを移記しなくてはならないとされているため（戸籍法施行規則39条1項2号）、子どもの戸籍を見ると、この子が認知された子かどうかがすぐにわかります。一方、父親側（認知者）の戸籍に記載された認知事項は、新戸籍・他戸籍に移記されないため、男性が認知したことがあるかどうかを調べるためには、その男性が子どもをもうけることができる年齢になった頃まで過去の戸籍をさかのぼって確認しなくてはなりません。

【図表4-14】認知後父親の戸籍に入る場合

本　籍 氏　名	東京都千代田区平河町一丁目10番地 甲野義太郎
戸籍事項 　戸籍編製 　転　　籍	【編製日】平成4年1月10日 【転籍日】平成5年3月6日 【従来の記録】 　　【本籍】東京都千代田区平河町一丁目4番地
戸籍に記録されている者	【名】義太郎 【生年月日】昭和40年6月21日　【配偶者区分】夫 【父】甲野幸雄 【母】甲野松子 【続柄】長男
身分事項 　　出　　生 　　婚　　姻 　　養子縁組 　　認　　知	【出生日】昭和40年6月21日 【出生地】東京都千代田区 【届出日】昭和40年6月25日 【届出人】父 【婚姻日】平成4年1月10日 【配偶者氏名】乙野梅子 【従前戸籍】東京都千代田区平河町一丁目4番地　甲野幸雄 【縁組日】令和3年1月17日 【共同縁組者】妻 【養子氏名】乙川英助 【送付を受けた日】令和3年1月20日 【受理者】大阪市北区長 【認知日】令和5年1月7日 【認知した子の氏名】丙山信夫 【認知した子の戸籍】千葉市中央区千葉港5番地　丙山竹子

> 父親が認知の届出をすると父の身分事項欄に認知の記載がされる

〜〜〜〜〜〜〜〜〜〜〜〜〜〜〜〜〜〜〜

戸籍に記録されている者	【名】信夫 【生年月日】令和4年6月1日 【父】甲野義太郎 【母】丙山竹子 【続柄】男
身分事項 　　出　　生 　　認　　知 　　入　　籍 　　親　　権	【出生日】令和4年6月1日 【出生地】東京都千代田区 【届出日】令和4年6月3日 【届出人】母 【送付を受けた日】令和4年6月10日 【受理者】東京都千代田区長 【認知日】令和5年1月7日 【認知者氏名】甲野義太郎 【送付を受けた日】令和5年1月10日 【受理者】東京都千代田区長 【届出日】令和5年1月15日 【入籍事由】父の氏を称する入籍 【届出人】親権者母 【従前戸籍】千葉市中央区千葉港5番地　丙山竹子 【親権者を定めた日】令和5年1月20日 【親権者】父 【届出人】父母

> 子（未成年の場合は親権者）が家庭裁判所の許可を得て、父の氏を称する場合は、父の戸籍に入籍する

5 | 養子がいる場合の記載

Q 養子はどのように記載されますか？

A 養子は原則として、養子縁組日を基準として縁組の順に養親の戸籍に入ります。養親の身分事項欄には「養子縁組」の事項が設けられ、縁組日が記載されます。

■ 養子縁組とは

養子縁組は、養親になる者と養子になる者との合意によって養子縁組の届出をすることで成立します。双方の合意と役所への届出という点では婚姻に似ています。養子が未成年の場合には、家庭裁判所の許可を得なくてはなりません（民法798条）。ただし、未成年養子でも例外的に自己または配偶者の直系卑属を養子とする場合は、裁判所の許可は必要ありません。たとえば、相続税対策として祖父母が未成年の孫やひ孫を養子にすることがありますが、この場合は裁判所の許可がいらないということです。養子が15歳未満のときは本人の同意に代わる親権者の承諾が必要になります（民法797条、【図表4-15】参照）。

また、配偶者のある者が未成年者を養子とするには、配偶者とともにしなければなりません（民法795条、養子縁組の記載例として平成6年式は【図表4-16】、昭和23年式は【図表4-17】を参照）。成年の養子は夫婦のどちらかが単独で養子縁組することができますが、養子ができると法定相続人が増えることになるため、単独で養子縁組をするときは配偶者の同意が必要です。特に、子どものいない夫婦の場合、養子縁組により相手に子どもができると配偶者の相続分が減少するため注意しなければなりません。

【図表4-15】養子が未成年の場合

養子が15歳未満の場合は、法定代理人の代諾がある。

戸籍に記録されている者	【名】はる 【生年月日】平成25年8月8日 【父】中島夏夫 【母】中島冬子 【続柄】長女 【養父】金子秋夫 【養母】金子春子 【続柄】養女
身分事項 　　出　　生	【出生日】平成25年8月8日 【出生地】東京都世田谷区 【届出日】平成25年8月10日 【届出人】父
養子縁組	【縁組日】平成25年12月25日 【養父氏名】金子秋夫 【養母氏名】金子春子 【代諾者】親権者父母 【従前戸籍】東京都世田谷区世田谷○丁目○番地　中島夏夫

92

【図表4-16】平成6年式の養子の記載例

	全部事項証明
本　籍	東京都千代田区平河町一丁目10番地
氏　名	甲野義太郎
戸籍事項 　戸籍編製 　転　　籍	【編製日】平成4年1月10日 【転籍日】平成5年3月6日 【従前の記録】 　　　【本籍】東京都千代田区平河町一丁目4番地
戸籍に記録されている者	【名】義太郎 【生年月日】昭和40年6月21日　【配偶者区分】夫 【父】甲野幸雄 【母】甲野松子 【続柄】長男
身分事項 　出　　生 　婚　　姻 　養子縁組 　認　　知	【出生日】昭和40年6月21日 【出生地】東京都千代田区 【届出日】昭和40年6月25日 【届出人】父 【婚姻日】平成4年1月10日 【配偶者氏名】乙野梅子 【従前戸籍】東京都千代田区平河町一丁目4番地　甲野幸雄 【縁組日】令和3年1月17日 【共同縁組者】妻 【養子氏名】乙川英助 【送付を受けた日】令和3年1月20日 【受理者】大阪市北区長 【認知日】令和5年1月7日 【認知した子の氏名】丙山信夫 【認知した子の戸籍】千葉市中央区千葉港5番地　丙山竹子
戸籍に記録されている者	【名】梅子 【生年月日】昭和41年1月8日　【配偶者区分】妻 【父】乙野忠治 【母】乙野春子 【続柄】長女
身分事項 　出　　生 　婚　　姻 　養子縁組	【出生日】昭和41年1月8日 【出生地】京都市上京区 【届出日】昭和41年1月10日 【届出人】父 【婚姻日】平成4年1月10日 【配偶者氏名】甲野義太郎 【従前戸籍】京都市上京区小山初音町18番地　乙野梅子 【縁組日】令和3年1月17日 【共同縁組者】夫 【養子氏名】乙川英助 【送付を受けた日】令和3年1月20日 【受理者】大阪市北区長
戸籍に記録されている者	【名】英助 【生年月日】平成24年5月1日 【父】乙川孝助 【母】乙川冬子 【続柄】二男 【養父】甲野義太郎 【養母】甲野梅子 【続柄】養子
身分事項 　出　　生 　養子縁組	【出生日】平成24年5月1日 【出生地】東京都千代田区 【届出日】平成24年5月6日 【届出人】父 【縁組日】令和3年1月17日 【養父氏名】甲野義太郎 【養母氏名】甲野梅子 【代諾者】親権者父母 【送付を受けた日】令和3年1月20日 【受理者】大阪市北区長 【従前戸籍】京都市上京区小山初音町20番地　乙川孝助

乙川英助は未成年であるため夫婦共同で縁組している。

【図表4-17】昭和23年式の養子の記載例

乙川英助は未成年であるため夫婦共同で縁組している

本籍　東京都千代田区平河町一丁目四番地〔朱〕十番地
氏名　甲野義太郎

出　平成四年壱月拾日編製㊞
　　平成五年参月六日平河町一丁目十番地に転籍届

昭和四拾年六月弐拾壱日東京都千代田区で出生同月弐拾五日父届出入籍㊞

令和参年壱拾月拾七日乙川英助を養子とする縁組届出
夫とともに

令和五年壱月七日千葉市中央区千葉港五番地丙山竹子同籍信夫
丁目四番地甲野雄子籍より入籍㊞
平成四年壱月拾日乙野梅子と婚姻届出東京都千代田区平河町一

を認知届出㊞
昭和四拾壱年壱月八日大阪市北区で出生同月拾日父届出入籍㊞
令和参年壱拾月拾七日乙川英助を養子とする縁組届出
妻とともに

令和五年壱月七日千葉市中央区千葉港五番地丙山竹子同籍信夫

平成弐拾四年五月壱日東京都千代田区で出生同月六日父届出入籍㊞
令和参年壱拾月拾七日甲野義太郎同人妻梅子の養子となる縁組届
令和参年壱拾月拾七日乙川梅子戸籍から入籍㊞

出（代諾者親権者父母）
上京区小山初音町二十番地乙川孝助戸籍から入籍㊞

区分	夫（義太郎）	妻（梅子）	養子（英助）
父	甲野幸雄（長男）	乙野忠治（長女）	乙川孝助（二男）
母	松子	春子	冬子
夫／妻	義太郎	梅子	
養父			甲野義太郎
養母			梅子（養子）
氏名	義太郎	梅子	英助
出生	昭和四拾年六月弐拾壱日	昭和四拾壱年壱月八日	平成弐拾四年五月壱日

【図表4-18】養子縁組による除籍（実親側の戸籍）

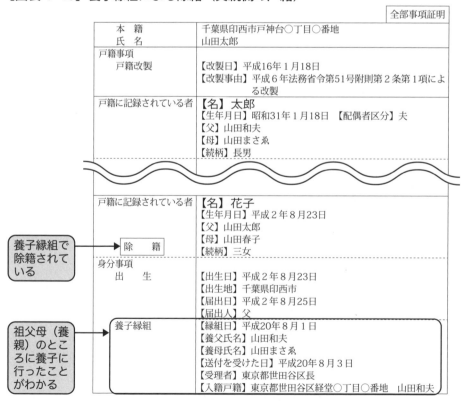

全部事項証明

本　籍	千葉県印西市戸神台○丁目○番地
氏　名	山田太郎
戸籍事項　戸籍改製	【改製日】平成16年1月18日 【改製事由】平成6年法務省令第51号附則第2条第1項による改製
戸籍に記録されている者	【名】太郎 【生年月日】昭和31年1月18日　【配偶者区分】夫 【父】山田和夫 【母】山田まさゑ 【続柄】長男

〜〜〜〜〜〜〜〜〜〜〜〜〜〜〜〜〜〜〜〜〜〜〜〜〜〜

戸籍に記録されている者	【名】花子 【生年月日】平成2年8月23日 【父】山田太郎 【母】山田春子 【続柄】三女
除　籍	
身分事項　出　生	【出生日】平成2年8月23日 【出生地】千葉県印西市 【届出日】平成2年8月25日 【届出人】父
養子縁組	【縁組日】平成20年8月1日 【養父氏名】山田和夫 【養母氏名】山田まさゑ 【送付を受けた日】平成20年8月3日 【受理者】東京都世田谷区長 【入籍戸籍】東京都世田谷区経堂○丁目○番地　山田和夫

養子縁組で除籍されている

祖父母（養親）のところに養子に行ったことがわかる

■ 養子と相続

　養子縁組を行うことにより、縁組の日から養子と養親の間には法律上の親子関係が発生します（双方に扶養義務が発生します）。養子は実父母との親子関係も継続するため、養子は養親・実親双方の法定相続人であり、養親が死亡した場合は実子と全く同じ条件で相続することができます。死亡した預金者に養子がいるときは、養子も相続手続の対象になります。養親の養子縁組事項は新しい戸籍が編製される際に移記されないため、亡くなった方の養子の有無を戸籍調査で確定するのはなかなか大変な作業です。

■ 養子はどこの戸籍に入るか

　養子縁組が行われると養子は通常は養父母の戸籍に入り、養子になった時点で実父母の戸籍からは除籍されます（【図表4-18】参照）。実親の戸籍をさかのぼると、このように実子が婚姻だけでなく養子縁組によって除籍されていることがあるので注意が必要です。養子縁組による戸籍の変動に関しては、養子が単身の場合は養親の戸籍に入りますが（戸籍法18条3項）、夫婦が養子になる場合等、例外もあります。

■ 編成替えで縁組事項の記載は消えるか

　養子縁組をした場合、養親と養子双方の身分事項欄に縁組事項が記載されます（戸籍法施行規則35条3号）。しかし、養親の身分事項に記載された縁組事項は、その後にその戸籍が転籍・改製等により編製替えになった場合には移記されません。したがって、亡くなった方の現在の戸籍を見ても養子のいたことがわからず、場合によっては改製原戸籍を見てもわからないことがあります。一方、養子の身分事項に記載された縁組事項は、その後に戸籍に変動があっても縁組が継続しているかぎり移記されます（戸籍法施行規則39条3号）

■ 特別養子

　特別養子（特別養子縁組）とは、実方の血族との親族関係が終了する縁組のことです（民法817条の2第1項）。家庭裁判所の審判が必要です。普通養子と異なり実父母との親族関係は終了するため相続権も失われます（養親との関係は実子と同様）。幼子を養育する目的にふさわしい養子縁組として昭和62年に創設されましたが、子の虐待防止に対応しきれない面があったため、令和元年に民法が改正されました。旧民法では6歳未満の子が対象でしたが、虐待は10歳以上でも起こっているため、改正法では原則「15歳未満」の子が対象となりました（民法817条の5）。また特別養子縁組のために必要な実父母の同意について審判を2段階にすることにより安易に撤回することができないようになりました（家事審判法164条・164条の2）。

　【図表4-19】は「啓二郎」が特別養子となった場合の戸籍ですが、身分事項欄にはあえて「特別養子」とは記載されず「民法817条の2」としか書かれていません。啓二郎が長じて戸籍

を見た場合に傷つかないための措置です。

【図表4-19】特別養子の戸籍記載例

戸籍に記録されている者	【名】啓二郎 【生年月日】平成30年4月3日 【父】甲野義太郎 【母】甲野梅子 【続柄】三男
身分事項 　　出　　生	【出生日】平成30年4月3日 【出生地】名古屋市中区 【届出日】平成30年4月7日 【届出人】母
民法817条の2	【民法817条の2による裁判確定日】令和5年2月12日 【届出日】令和5年2月15日 【届出人】父母 【従前戸籍】名古屋市中区三の丸四丁目3番　甲野啓二郎

NOTE

養子の戸籍変動ルール

・養子が単身の場合は養親の戸籍に入る（原則）

・養子が夫婦の場合は、養親とは別に養親の氏で新戸籍が編製される（戸籍法20条）

・夫婦のうち婚姻により氏を改めた者のみが養子となった場合は、養親・養子双方の戸籍に縁組事項を記載するだけで、養子の戸籍は別途編製されない。

6 | 直系尊属の戸籍調査

 お子さんのいないＡさんが預金を残して死亡しました。Ａさんの父親は先に亡くなっており、母親が預金払戻しの手続のために相談にみえましたが、誰のどの戸籍を確認すればよいでしょうか？

 ①Ａさんの出生から死亡までの戸籍、②母の現在戸籍、③父の死亡（除籍）の記録がある戸籍の少なくとも３つが必要です。さらにＡさんが亡くなる前に死亡した子どもがいた場合、④代襲相続の調査のためにその子の出生から死亡までの戸籍が必要です。【図表4-20】は、子どもに先立たれ離婚歴のあるＡさんが死亡した場合に、相続人が母１人であることを確定させるための戸籍調査（７つの戸籍が必要）の一例です（Ａさんの子Ｂは出生後養子縁組により夫婦の戸籍を出ています）。

■ 直系尊属の相続

　直系尊属とは、上下に直線的に連なる直系血族のうち、自分よりも上の者、すなわち、父母・祖父母・曽祖父母などのことを指します。直系尊属は第２順位の法定相続人であるため、被相続人に第１順位である子がいない場合に相続権が発生します。直系尊属の相続権は、上下の直系尊属の中では被相続人に近い者に発生します。つまり、父母が優先し、父母がいなければ祖父母、祖父母がいなければ曽祖父母となります。父母のどちらか一方でも生きているときは、祖父母が存命でも相続権は発生しません。養父母も直系尊属であり、実父母と同順位で相続権を有します。

■ 直系尊属の戸籍調査（先順位（子）がいないことの確定）

　相続が発生した際には、まず第１順位の相続人である子どもがいるかどうかを確定しなければなりません。これは、相続調査で必ず行わなければならない作業であり、相続手続における戸籍調査とは、「子どもの有無を確認する作業」であると言っても過言ではありません。第１順位の子どもがいないことを確認のうえ、直系尊属が相続人であることを確定するためには、次の戸籍が必要になります。

(1) 被相続人の出生から死亡までの連続した戸籍

　第１順位の相続人（子）がいないことを確認する際に必要となります。その際に、出生までさかのぼれば親（直系尊属）の戸籍に行きつきます。

97

⑵　相続人全員の戸籍

　子どもがいればその戸籍を取り寄せますが、もし子どもがいない場合は、父母の戸籍を取り寄せます。被相続人が婚姻・分籍等による戸籍の移動をしていなければ親の戸籍に在籍しているため、被相続人の戸籍で代用できることがあります。

⑶　直系尊属の死亡の記載がある戸籍

　両親のどちらか一方あるいは双方とも死亡している場合は、死亡により除籍されていることを確認しなくてはなりません。両親の双方が死亡している場合には、祖父母が存命かどうかの確認をします。

⑷　代襲相続人がいないことを証明する戸籍

　(1)の調査またはヒアリングで子どもが先に死亡していたり廃除されていた場合は、その子の「出生から死亡までの連続した戸籍」が必要です。これは、子どもが死亡しているという事実確認と、その子の代襲相続人の有無の確認が必要なためです。被相続人の戸籍に入ったまま婚姻せずに死亡している子どもなどは、被相続人の戸籍だけで「死亡の事実と代襲相続人がいないこと」が判明します。

■　戸籍だけではわからないこと

　戸籍上子どもがいても（死亡・廃除の記載がなくても）子に相続権が発生せず、直系尊属が相続するケースとして、子が欠格事由に該当する場合（民法891条）と相続放棄した場合の2つのケースがあります。欠格事由に該当すると法律上当然に相続権を失いますが戸籍を見ただけではわかりません。放棄も戸籍に記録されないため、家庭裁判所で発行する相続放棄申述受理証明書により確認しなければなりません。なお、欠格は代襲相続がありますが、放棄には代襲相続がないという違いがあります。

【図表4-20】Aさんの相続人が母1人であるということを確定させるための戸籍調査（一例）

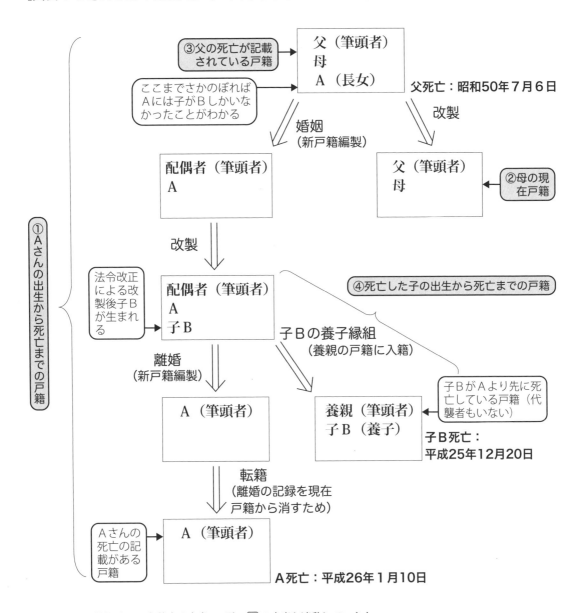

①Aさんの出生から死亡までの戸籍

③父の死亡が記載されている戸籍

父（筆頭者）
母
A（長女）

父死亡：昭和50年7月6日

ここまでさかのぼればAには子がBしかいなかったことがわかる

婚姻
（新戸籍編製）

改製

配偶者（筆頭者）
A

父（筆頭者）
母

②母の現在戸籍

改製

法令改正による改製後子Bが生まれる

配偶者（筆頭者）
A
子B

④死亡した子の出生から死亡までの戸籍

子Bの養子縁組
（養親の戸籍に入籍）

離婚
（新戸籍編製）

A（筆頭者）

養親（筆頭者）
子B（養子）

子BがAより先に死亡している戸籍（代襲者もいない）

子B死亡：
平成25年12月20日

転籍
（離婚の記録を現在戸籍から消すため）

Aさんの死亡の記載がある戸籍

A（筆頭者）

A死亡：平成26年1月10日

（注）上図の丸数字は本書97頁の **A** の文章と連動しています。
①Aさんの出生から死亡までの戸籍
②母の現在戸籍
③父の死亡が記載されている戸籍
④死亡した子の出生から死亡までの戸籍

PART4 法定相続人の調べ方

7 | 兄弟姉妹相続の戸籍調査

Q 金融機関の預金者Aさんがお亡くなりになり、ご遺族である夫人が来店したため、家族関係をヒアリングしたところ、次のような話が聞けました。

①私たち夫婦には子どもがいない

②直系尊属（父母・祖父母達）は全員死亡している

③妹2人（B・D）と弟1人（C）がいるが独身の妹（B）のみ生存

③亡くなった弟の子（甥F）が生存

④亡くなった妹の子（姪G）も死亡している。ただし姪の子（H）が生存

⑤夫Aの父は再婚で、前妻との間に子（E）がいた

　この場合、誰を相手に相続手続を行えばよいでしょうか。また、戸籍は誰のものを集めればよいでしょうか？

A 法定相続人は、妻（配偶者）のほか、妹（長女B）、弟の子（甥F）、父の前妻との間の子（半血兄弟姉妹E）の4人です（【図表4-21】参照）。戸籍は被相続人A・父母・弟C・妹D・半血兄弟姉妹Eについてはそれぞれ出生から死亡までの戸籍が必要です。その他長女B・甥F・姪Gそれぞれの現在戸籍も必要です（B・Fは生存確認、Gは死亡確認）。

兄弟姉妹の相続

　兄弟姉妹は第3順位の相続人です（民法889条1項）。両親が同じ兄弟姉妹だけではなく、父母の一方のみを同じくする兄弟姉妹（いわゆる半血兄弟姉妹）も法定相続人ですが法定相続分は父母を同じくする兄弟の半分になります（民法900条4号）。

　兄弟姉妹の相続も直系尊属の相続同様に先順位の相続人がいないことを確認しなくてはならないため、まず被相続人に「子」がいなかったことを確定させ、次に直系尊属がいない（全員死亡している）ことの確認をします。このように、先順位の相続人がいないことを戸籍上で確認しなくてはならないため、相続調査は順位が下にいくほど大変になります。兄弟姉妹の相続調査は通常数多くの戸籍調査をしなくてはなりません。

　両親の戸籍までさかのぼると兄弟姉妹が記録されているため、ここで調査を終了させることもありますが、両親の戸籍に記録されている子以外に子（半血兄弟姉妹）がいなかったかどうかの確認はこれだけではわかりません。そのため、半血兄弟姉妹の有無の確認は両親が子どもをもうけることができるようになる年齢くらいまでさかのぼらなければ確定しません。

【図表4-21】事例の家族関係図

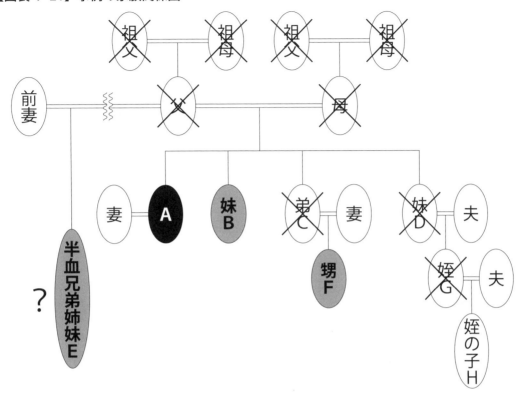

■ 兄弟姉妹の相続手続に必要な戸籍

兄弟姉妹の相続の場合は次の戸籍が必要になります。

(1)　被相続人の出生から死亡までの連続した戸籍

これで先順位（子）がいないことを確認します。出生までさかのぼれば親（直系尊属）の戸籍に行きつきます。子が先に死亡していた場合は代襲相続の有無の確認（子の出生から死亡までの戸籍）も必要です。

(2)　直系尊属の死亡の記載がある戸籍

父母の双方・養親・祖父母等、直系尊属が死亡していることの確認をしなくてはなりません。

(3)　父母の出生から死亡までの連続した戸籍

被相続人の出生（両親の戸籍）までさかのぼるとほとんどの場合、兄弟姉妹が判明しますが、父母にさらに子（半血兄弟姉妹）がいないことを確認するためには、両親の出生まで戸籍をさかのぼらなければなりません。

(4)　相続人全員の戸籍

兄弟姉妹が独身であれば親の戸籍に入ったままであるということもありますが、婚姻等で戸籍を出ているときは新しく編製された戸籍を確認します。半血兄弟姉妹が見つかったときはこの者の戸籍も必要です。兄弟姉妹も代襲相続が認められていますが、子の代襲相続とは

異なり、一代限りの代襲であるため、甥・姪までの戸籍で確定します。

■ それぞれの戸籍で何を確認するか

　事例の相続手続において、ヒアリングをもとに家族関係図を作成すると【図表4-21】のようになります。長男である夫Aが死亡した場合に相続人を確定させるために必要な戸籍と確認事項は、以下のとおりです。

①被相続人Aについて、現在の戸籍で死亡の事実と配偶者の確認をします。次に出生から死亡までの戸籍で「子」（代襲相続人を含む）がいないことを確認します。

②被相続人Aの戸籍をさかのぼると父・母の戸籍に行きつきますので、そこから父母の戸籍を死亡までたどります。父・母が死亡していることが確認できたら、次に父・母の出生から死亡までの戸籍で「子」（半血兄弟姉妹およびその代襲相続人）の有無を確認します。半血兄弟姉妹は父母が結婚する前だけでなく、婚姻後にもいなかったかどうか（離婚後さらに子をもうけた場合や父が認知した場合等）の確認が必要です。

　（高齢者の父母の出生まで戸籍をさかのぼると相当昔の戸籍が必要になるため、実務上はここまでは要求しない例も多くあります）

③祖父母の死亡を戸籍（除籍）で確認します。

④妹Bが存命で相続権があることを現在の戸籍で確認します。

⑤甥F以外に子がいないことを弟Cの出生から死亡までの戸籍で確認します。

⑥甥Fが存命で相続権があることを現在の戸籍で確認します。

⑦姪G以外に子がいないことを妹Dの出生から死亡までの戸籍で確認します。

⑧姪Gが死亡により除籍されていることを戸籍で確認します。なお、姪の子Hには相続権がないため戸籍の確認は不要です。

⑨半血兄弟姉妹Eが存命で相続権があることを現在の戸籍で確認します。もしEが死亡していた場合は出生から死亡までの戸籍で代襲者の有無を確認します。

■ 実務対応

　兄弟姉妹の相続は、法定相続人を確定させるための戸籍調査に膨大な作業が必要になることがあります。また、戸籍を収集するためにご遺族にも多くの苦労・費用を強いることになってしまいます。したがって、預金残高が少ない場合などは、父・母の出生までさかのぼるようなことまではしないで（半血兄弟姉妹のチェックまでは行わず）、ある程度省略した形で対応せざるを得ないことも多いと思います。

8 | 昔の大所帯の戸籍の読み方

Q 昭和33年～36年頃に改製される前の戸籍（旧民法時代の戸籍～大正４年式）はどのように読み解けばよいでしょうか？

A 大正４年式は戦前の法律に基づく戸籍であるため、旧民法時代のルールを確認しながら読み解いていきます。①いつからいつまでの戸籍か、②記載されている者がいつからいつまで在籍していたか、の２点を確認することがポイントです。

■ 大正4年式の特徴（本書43頁参照）

　大正４年式は、戸主が筆頭に記載されています。戸主は、家督相続（原則長男の単独相続）によりその地位につきます。戸主の死亡・隠居等により家督相続が開始されると、長男が新たに戸主となり、その戸主を中心（筆頭）とする戸籍が編製されました。

　戸籍を読み解くときは、①その戸籍がいつからいつまでの戸籍か、②戸籍に書かれた人々が当該戸籍にいつからいつまで在籍していたか、の２点を確認しながら調査する必要があります。

■ 戸籍例の解説

　本書106・107頁の【図表４-22】は、戸主である男性から見て、母・弟・叔父・叔父妻・従弟・妻・長男・二男・弟妻・長男妻・孫（長男の子）が全部在籍している戸籍例です。【図表４-22】を用いて複数親族がいる大正４年式を１人ずつ順番に読み解いていきましょう。

(1) 和夫（戸主）

　山田和夫さんの在籍期間は、この戸籍が作られた大正13年12月１日から、この戸籍が消除された昭和36年６月15日までです。「昭和33年４月５日本戸籍改製」と記載があるため、このときに戸籍が作られたと誤解されることがありますが、これはこのときから「新しい戸籍に読み替える」といったような意味で、昭和33年４月５日に編製替えすることなく戸主の事項欄に改製事由を記載し、改製済みの効力を生じさせたものです（簡易改製については本書62頁参照）。任意改製（昭和36年６月15日）されるまではこの戸籍が生きています。

(2) みよ（母）

　大正４年式の時代は原則として長男が家督を継ぐため、長男の戸籍に母親が入っていることが多くありました。母のみよさんは、戸籍が作られた大正13年12月１日から死亡で除籍された昭和23年５月９日（死亡日は５月５日）までこの戸籍にいたことがわかります。

⑶ 明夫（弟）

　山田明夫さんは、戸主との続柄欄に「弟」と書かれています。身分事項欄に大正12年7月6日に岡田友子さんと結婚していますが、大正4年式の時代は、婚姻が除籍事由ではなく、結婚後も同じ戸籍に残っていることが普通でした。後ろのほうを見ると明夫さんの妻友子さんも、この山田和夫一家の戸籍に入っています。この夫婦は2人とも昭和33年4月5日に除籍されています。これは、戸籍法の改正によって昭和23年1月1日から戸籍は一夫婦一戸籍（核家族ごと）に編製しなければならなくなり、10年間の猶予期間（旧戸籍を新戸籍とみなす期間）経過後、昭和33年になって改製が行われたためです（1次改製）。山田明夫さんはこの時点で新しい戸籍（昭和23年式）ができています。戸主の和夫さんは明夫さん夫婦等が除籍された結果、新戸籍編製基準（一夫婦と同じ氏を称する子で一戸籍となる）に合致しているため、すぐに新しい戸籍を作成することなく、上記のとおり簡易改製として、昭和33年4月5日から昭和36年6月15日に任意改製が行われるまで、この古い戸籍のまま新戸籍とみなされ残ることになります。

⑷ 寅次郎（叔父）

　山田和夫さんの叔父ですが、大正14年1月18日に分家して除籍しています。ですから寅次郎さんはこの戸籍ができた大正13年12月1日から翌年の1月18日の短い期間だけこの戸籍に入っていたことがわかります。

⑸ アイ（叔父妻）

　明治20年9月9日に結婚した叔父寅次郎さんの妻です。寅次郎さんとともに大正14年に除籍されています。除籍後を調べるためには寅次郎さんの分家編製後の戸籍をたどります。

⑹ 熊次郎（従弟）

　寅次郎さんの長男、すなわち山田和夫さんの従弟です。大正14年に父親寅次郎さんとともに除籍されています。熊次郎さんのこの後を調べるためには寅次郎さんの分家編製後の戸籍が必要です。なお、除籍後の寅次郎さん一家の新しい戸籍（分家した後の戸籍）は東京市本郷区すなわち現在の文京区役所にあるはずです。

⑺ まさゑ（妻）

　山田和夫さんの妻です。まさゑさんは浜田喜一さんの娘ですが、身分事項欄には浜田喜三郎姉と記載されているため、父親の戸籍ではなく弟（浜田喜三郎さん）の戸籍からこちらに入ってきたことがわかります。そのため、従前戸籍は弟の浜田喜三郎さんを戸主とする戸籍ということになります。まさゑさんの結婚したのは大正3年なので、この戸籍ができる前です。したがって結婚したときは和夫さんが戸主になる前に入っていた父親の軍之助さんの戸籍に、まさゑさんも長男の妻としてこの戸籍のフユさんのように記載がされているはずです。

⑻ 敏夫（長男）

　山田和夫さんの長男です。野口フユさんと結婚後、昭和26年3月10日に子どもが生まれ

て新戸籍を編製するために除籍されています。ところがこの戸籍の最後を見ると、山田敏夫さんの長男は昭和21年5月5日に生まれています。これは戸籍の表記が間違っているわけではなく、実はこの昭和26年に生まれた子は敏夫さん夫婦の第2子だったのです。前記のとおり、新戸籍法が施行されたのは昭和23年1月1日ですが、新戸籍への編製作業は10年間の猶予期間がありました。したがって10年後（昭和33年以降）に編製される前は、旧法戸籍は新法の規定による戸籍とみなされました。敏夫さん夫婦もお子さんが長男の一郎さんだけならばそのまま（みなし）でよかったのですが、第2子（次男または長女）が生まれたため、旧戸籍法に基づく戸籍登録（孫の登録）ができず、第2子が生まれると同時に除籍され新たに戸籍を編製しなければならなかったのです（三代戸籍禁止の原則（戸籍法17条））。昭和23年の新法施行後に（昭和33年以降の改製までに）子どもが生まれた場合は、新しい戸籍の編製基準により新たに戸籍を編製した例が多くあります。

⑼ 保夫（二男）

　山田和夫さんの二男です。昭和27年に上原さくらさんと結婚しましたが、新戸籍編製基準によると新しい戸籍を編製しなくてはならないため、婚姻による新戸籍編製のために昭和27年1月8日に除籍されています。これは、上記の敏夫さん第2子誕生のときと同じく新戸籍の編製基準に合致しなくなったためです（一夫婦一戸籍の原則（戸籍法6条））。このように、昭和23年1月1日〜昭和33年頃にかけて婚姻・出生等の新しい身分変動があったときは、それらの事項・人を旧戸籍に組み入れてしまうと新戸籍法の編製基準に合致しない例が多くあり、その場合は新戸籍が編製されていることに注意が必要です。

⑽ 友子（弟妻）

　弟である山田明夫さんの妻です。昭和23年から10年の猶予期間経過後、昭和33年4月5日に夫の明夫さんとともにこの旧式戸籍から抜けて除籍されています。大正12年7月6日に結婚した友子さんには、昭和33年4月5日まではお子さんがいませんが、その後の戸籍記載事項の変更（離婚や養子縁組など）を調べる場合には山田明夫さんの新戸籍（昭和23年式）を調べることになります。

⑾ フユ（婦）

　山田和夫さんの長男の嫁です。戸主との続柄欄には「婦」としか書いてありませんが、家族との続柄欄で長男敏夫の妻であることがわかります。昭和26年3月10日第2子誕生により敏夫さんとともに除籍されています。

⑿ 一郎（孫）

　山田和夫さんの孫（長男敏夫さんの長男）です。昭和23年に新法が施行される前に生まれたため（昭和21年5月5日）、旧戸籍（祖父の戸籍）に入りました。昭和23年1月1日以降は新戸籍とみなされていましたが、弟または妹（敏夫夫婦の第2子）が生まれて父親の新戸籍が編製されたため、昭和26年3月10日に一緒に移転していきました（同日除籍）。

【図表4-22】複数親族がいる大正4年式の例

［上段：右から左へ］

弟　明夫
宮崎アイト婚姻届出明治弐拾年九月九日受附㊞
東京市本郷区西片町壱番地二分家届出大正拾四年壱月拾八日
受附除籍㊞

- 出生　明治拾八年八月八日
- 父　亡山田彦左エ門
- 母　亡　アキ
- 二男
- 明夫

父叔　寅次郎
- 出生　慶応参年弐月拾日
- 寅次郎

妻父叔　アイ
【婚姻前の本籍地（記載省略）】
戸主宮崎二郎ノ長女明治弐拾年
九月九日山田寅次郎ト婚姻届出同日入籍㊞
大正拾四年壱月拾八日山田寅次郎分家ニ付キ共ニ除籍㊞

- 家族トノ続柄　叔父　寅次郎　妻
- 父　宮崎二郎
- 母　ナツ
- 二女
- アイ

従
大正拾四年壱月拾八日父寅次郎分家ニ付キ共ニ除籍㊞

- 出生　慶応四年八月八日
- 父　山田寅次郎
- 母　アイ
- 長男

［下段：右から左へ］

妻　友子
【婚姻前の本籍地（記載省略）】
戸主岡田三郎三女大正拾弐年
七月六日山田明夫ト婚姻届出同日夫明夫とともに入籍㊞
昭和参拾参年四月五日夫明夫とともに除籍㊞

- 出生　大正八年七月拾壱日
- 父　岡田三郎
- 母　昌子
- 三女
- 家族トノ続柄　弟　明夫　妻
- 友子

婦　フユ
【婚姻前の本籍地（記載省略）】
戸主野口英夫四女昭和拾七年
五月五日山田敏夫ト婚姻届出同日入籍㊞
昭和弐拾六年参月拾日夫敏夫とともに除籍㊞

- 出生　大正拾弐年七月六日
- 父　野口英夫
- 母　桜子
- 四女
- 家族トノ続柄　長男　敏夫　妻
- フユ

孫　一郎
本籍ニ於テ出生父山田敏夫届出昭和弐拾壱年五月五日受附入籍㊞
昭和弐拾六年参月拾日父敏夫母フユに随い除籍㊞

- 出生　昭和弐拾壱年五月五日
- 父　山田敏夫
- 母　フユ
- 長男
- 一郎

106

昭和23年式に移記された〜任意改製

簡易改製

家督相続により新規編製された

改製原戸籍

籍 本　長野縣諏訪郡宮川村千八百番地

（上段・戸主欄の記載 右から左へ）

- 浜田まさゑ卜婚姻届出大正参年参月弐拾五日受附印
- 大正拾参年拾弐月拾壱日前戸主軍之助死亡ニ因リ家督相続届出同年拾弐月拾壱日受附印
- 昭和参拾弐年法務省令第弐拾七号により昭和参拾参年四月五 〔日本戸籍改製印〕
- 昭和参拾弐年法務省令第弐拾七号により昭和参拾参年四月拾五日あらたに戸籍を編製したため本戸籍消除印
- 拾日山田軍之助卜婚姻届出同日入籍印／大正拾参年拾弐月拾壱日夫軍之助死亡ニ因リ婚姻解消／昭和弐拾壱年五月五日午後五時五拾五分本籍で死亡同居の親族山田和夫届出同月九日受附除籍印
- 【婚姻前の本籍地（記載省略）】矢島勘太郎妹明治七年四月式
- 岡田友子卜婚姻届出大正拾弐年七月六日受附印／改製により新戸籍編製につき昭和参拾参年四月五日除籍印

上段 身分事項欄

母 みよ	母 ハル／父 亡矢島勘右エ門（二女）	主 山田和夫	母 みよ／父 亡山田軍之助（長男）	主戸前 山田軍之助
出生 安政六年四月六日	出生 明治参拾弐年拾弐月拾五日	山田和夫	（父 亡山田軍之助 長男）	山田軍之助

←P.106 上段へ

（下段・戸主欄の記載 右から左へ）

- 長野縣諏訪郡宮川村壱番地戸主浜田喜三郎姉大正参年参月弐拾五日山田和夫卜婚姻届出同日入籍印
- 本籍ニ於テ出生父山田和夫届出大正四年八月弐拾壱日受附入籍印
- 野口フ卜婚姻届出昭和弐拾七年五月五日受附印／子の出生届出昭和六年参月拾日受附東京都文京区西片町百番地に新戸籍編製につき除籍印
- 本籍ニ於テ出生父山田和夫届出大正八年七月拾壱日受附入籍印／上原さくら卜婚姻届出夫の氏を称する旨届出昭和弐拾七年壱月八日受附宮川村千八百番地に新戸籍編製につき除籍印

下段 身分事項欄

二男 保夫	長男 敏夫	妻 まさゑ	弟 熊次郎
父 山田和夫／母 まさゑ（二男）	父 山田和夫／母 まさゑ（長男）	父 亡浜田喜一／母 喜代（長女）	（出生 明治弐拾五年弐月弐拾壱日）
出生 大正八年七月弐拾七日	出生 大正四年八月弐拾七日	出生 明治拾七年六月参拾日	熊次郎

←P.106 下段へ

107

9 | 昔の戸籍の字の読み方

Q 昔の戸籍の字が読めないときはどうすればよいでしょうか？

A 新旧対照表等で一字ずつ解読するほかありませんが、前後の文章で推定できる場合があります。また市区町村等に持参すれば教えてくれる場合もあります。さらにインターネット上には、変体仮名の読み方や旧字体変換ソフト等が公開されているため、それらを参照することもできます。

■ 昔の戸籍は読みにくい

　改製原戸籍（昭和23年式）以前の戸籍を見ると、昭和40年代〜50年代以降の記載はタイプライターで打ってあるものが多いですが、それ以前の戸籍は手書きがほとんどです。大正4年式（昭和33年以前）になると古いものは毛筆で書かれているものがあり、しかも旧字体（変体仮名）で書かれているため達筆な戸籍は現代人にとっては古文書を読み解くような難しさがあります。さらに昔の戸籍（除籍）はマイクロフィルムに写されているものを複製したものが除籍謄本として提出されるため、本来の大きさを縮小されていることもあって、余計に判読しづらくなっています。

■ 新旧対照表等の参照

　昔の戸籍は、旧字・旧仮名遣い（変体仮名）が理解できなければ読み解くことができません。戸籍に主に使用される旧字の数字・旧仮名遣いとしては、【図表4-23】のような字があります。現代語（読み方）との対照表を載せましたので参考にしてください。この一覧表はあくまでも一例です。戸籍を書いた人によって異なるニュアンスで違う字に見えることもありますし、また時代の変遷（江戸に近いか・昭和後半に近いか）によって字体が異なることもあります。インターネットの検索サイトで、「変体仮名」「旧かな遣い」「旧字体」等で検索すると、一覧表や変換ソフト等が公開されています。このような新旧対照表などを使っても判読できないものは、市区町村等に問い合わせると、ベテランの戸籍係の方が残っているような役場では教えていただける場合もあります。いろいろな手段を使ってがんばって読み解いていきましょう。

【図表4-23】旧字の数字と旧かな文字

戸籍によくある旧字(数字)	現代語（よみ方）
壱	いち
壹	いち
朔	ついたち
弐	に
貳	に
参	さん
參	さん
肆	し
伍	ご
陸	ろく
漆	しち
捌	はち
玖	きゅう
拾	じゅう
廿	にじゅう
丗	さんじゅう
卅	さんじゅう

戸籍によくある旧かな	現代語（よみ方）	戸籍によくある旧かな	現代語（よみ方）	戸籍によくある旧かな	現代語（よみ方）
	あ		つ		も
	い		て		や
	う		と		ゆ
	え		な		よ
	お		に		ら
	か		ぬ		り
	き		ね		る
	く		の		れ
	け		は		ろ
	こ		ひ		わ
	さ		ふ		を
	し		へ		
	す		ほ		
	せ		ま		
	そ		み		
	た		む		
	ち		め		

※Koin変体仮名を使用

〈著者紹介〉

上原　敬（うえはら　たかし）

　1956年東京都生まれ。1974年麻布高校卒業、1979年早稲田大学法学部卒業後、日本長期信用銀行（長銀）入社。本店・大宮支店・名古屋支店勤務を経て1987年から法務部、1998年長銀国有化後は新生銀行法務コンプライアンス統轄部。2002年新生銀行退職。現在、㈱経済法令研究会顧問・専任講師。

〈主な著作〉

　『営業店の相続実務Ｑ＆Ａ［四訂版］』『融資取引と説明責任』『偽造・盗難カード対策Ｑ＆Ａ』（以上、経済法令研究会）、『よく分かる新成年後見制度Ｑ＆Ａ』『新しい保証の実務Ｑ＆Ａ』（以上共著、経済法令研究会）、『金融取引実務ハンドブック』『貸出・担保トラブル完全対策』『管理・回収トラブル完全対策』（以上共著、金融財政事情研究会）、『銀行取引法務事例集』（共著、銀行研修社）、『金融ビジネス読本　実務と法の知識』（共著、ぎょうせい）ほか、著書・論文多数。

図解でわかる　戸籍の見方・読み方【第２版】

2014年 2 月20日	初版第 1 刷発行	
2018年10月 1 日	第 9 刷発行	
2020年 3 月10日	第 2 版第 1 刷発行	
2021年 1 月30日	第 2 刷発行	
7 月30日	第 3 刷発行	
2023年 3 月10日	第 4 刷発行	
2024年 3 月10日	第 5 刷発行	

著　者　上　原　　　敬
発行者　志　茂　満　仁
発行所　㈱経済法令研究会
〒162-8421　東京都新宿区市谷本村町 3 ─21
電話　代表03（3267）4811　制作03（3267）4823
https://www.khk.co.jp/

営業所／東京 03（3267）4812　大阪 06（6261）2911　名古屋 052（332）3511　福岡 092（411）0805

表紙デザイン／清水 裕久　制作／西牟田 隼人　印刷・製本／㈱加藤文明社

© Takashi Uehara 2020　　Printed in Japan　　　　　　　　　　　　ISBN978-4-7668-2450-6